BOBBY CONWAY

Wenn du zweifelst ...

BOBBY CONWAY

Wenn du zweifelst ...

Bobby Conway
Wenn du zweifelst ...

Titel des amerikanischen Originals:
Doubting Toward Faith

Published by Harvest House Publishers
Eugene, Oregon 97402
www.harvesthousepublishers.com

Bestell-Nr. CV: 271.193
ISBN CV: 978-3-86353-193-5
Bestell-Nr. MNR: 180041
ISBN MNR: 978-3-85810-143-3

1. Auflage

www.cv-dillenburg.de
Übersetzung: Ulrike Wilhelm
Satz und Umschlaggestaltung:
Christliche Verlagsgesellschaft Dillenburg
Druck: GGP Media GmbH, Pößneck
Printed in Germany

Für meinen lieben Freund und Mentor, Matt Hatfield.

Ich kann mir ein Leben ohne deine Freundschaft
nicht vorstellen.
Du bist durch alle Prüfungen hindurch
an meiner Seite geblieben.
Und wenn ich vor lauter Zweifel verzagt war,
hast du mich verstanden und mir mit deiner Weisheit
still geholfen, durchzuhalten.
Ich werde dir für immer dankbar sein.

Danksagung

Danke an ...

Meine geliebte Frau und meine Kinder: Heather, Haley und Dawson. Danke für eure Unterstützung und Ermutigung, als ich dieses Buch schrieb. Ihr seid die Besten.

Meine Mitbrüder und Kollegen. Wie sehr liebe ich es, mit euch zusammen dem Herrn zu dienen. Ich könnte das alles nicht alleine schaffen. Mit euch zusammen ist es auf jeden Fall besser.

Harvest House Publishers für deren Leidenschaft, ein Buch zu verlegen, das hoffnungslosen Zweiflern Hoffnung macht.

Jeff Kinley; Rod Morris, Benner Harris, Gary Habermas und dem Christian Research Institute *für eure redaktionelle Mithilfe und die kreativen Erkenntnisse. Ihr alle habt geholfen, dass dieses Buch zustande gekommen ist. Vielen herzlichen Dank.*

Bill Jensen, meinen Literaturagenten, der an dieses Buch geglaubt hat. Du hast mir so viele Türen geöffnet. Dafür stehe ich auf ewig in deiner Schuld.

Sean McDowell für sein freundliches Vorwort und weil er sich für Wenn du zweifelst eingesetzt hat.

William Lane Craig für deinen überwältigenden Einfluss auf mein Leben. Deine Bücher, Podcasts, Debatten und dein Dienst haben meine Denkweise über viele Themen, einschließlich der Glaubenszweifel, geprägt. Ich schätze deine Gelehrsamkeit sehr.

Ich danke dem Herrn Jesus Christus dafür, dass er uns weder verlässt noch im Stich lässt – auch in unseren dunkelsten Momenten des Zweifelns, bist du immer da.

Inhalt

Vorwort

von Sean McDowell

Wenn du zweifelst ... ist ein erfrischendes Buch. Es brachte mich zum Lachen und Weinen, gleichzeitig regte es mich aber auch auf. Warum? Weil ich mir wünschte, dass es dieses Buch schon vor Jahren gegeben hätte, als ich selbst voller Glaubenszweifel war. Auch wenn ich auf meiner gesamten Glaubensreise mit wunderbaren Freunden und einer tollen Familie gesegnet bin und war, hätte mir dieses Buch Kraft geben können, als ich anfing, meinen eigenen Glauben anzuzweifeln. Die Erkenntnisse, die Bobby uns hier vermittelt, hätten mir so manchen Kummer erspart und wären mir eine gute Orientierungshilfe durch die Welt der Zweifel und des Glaubens gewesen.

Meine Zweifel traten zum ersten Mal auf, als ich am College studierte. Vor dieser Zeit hatte ich den Glauben als selbstverständlich hingenommen. Ich habe gute Erinnerungen an christliche Konferenzen, Missionseinsätze und wie ich meinem Vater beim Bibelunterricht zuhörte. Meine Eltern zogen mich im christlichen Glauben auf. Ich kann mich nicht erinnern, dass ich als Kind jemals *nicht* an die christliche Geschichte der Welt geglaubt habe.

Doch als College-Student dachte ich zum ersten Mal über die Ernsthaftigkeit meines Glaubens nach. Was wäre, wenn ich in einer falschen Familie aufgewachsen wäre? War Jesus wirklich der einzige Weg zu Gott? Wie wusste ich, ob der christliche Glaube wahr ist? Manchmal waren diese Zweifel so stark, dass ich wie gelähmt war. Ich entschied mich, diese Zweifel meinem Vater anzuvertrauen, der mittlerweile seit über 50 Jahren Evangelist und Apologet ist.

Seine Reaktion überraschte mich sehr. „Ich finde es großartig, dass du die Wahrheit herausfinden möchtest", sagte er. „Es ist klug, Dinge nicht einfach zu akzeptieren, nur weil man sie dir erzählt hat. Du musst herausfinden, ob der christliche Glaube wahr ist. Du weißt, dass deine Mutter und ich dich lieben, egal, zu welchem Ergebnis du kommst. Suche nach der Wahrheit und beherzige alles, was deine Mutter und ich dich gelehrt haben. Lehne die Dinge ab, die du in deiner Kindheit gelernt hast, wenn du glaubst, dass sie nicht wahr sind."

Wenn ich heute auf diese Erfahrung zurückschaue, jetzt, da ich selber Redner und Apologet bin, habe ich einige wichtige Dinge über den Zweifel gelernt. Erstens müssen Zweifel nicht das Ende des Glaubens bedeuten. Im Gegenteil, Zweifel können sogar zu einem tieferen, authentischeren Glauben führen. Genau das ist in meinem Leben passiert. Aber es geschieht nicht automatisch. Es ist wichtig, die nötigen Schritte zu ergreifen, die in diesem Buch beschrieben werden.

Zweitens: Zweifeln Sie nicht alleine. Wie Bobby oft betont: Sprechen Sie mit anderen über Ihre Zweifel. Wenn Sie mitten in Glaubenszweifeln stecken, ist es wichtig, die Liebe, Gnade und Führung der Gemeinde zu erfahren. Alleine zu zweifeln kann katastrophal sein. Ich danke Gott für die Menschen, die mich liebten und mich durch meine Glaubenszweifel hindurch begleiteten.

Drittens: Lassen Sie sich durch Ihre Zweifel zum Lernen motivieren. Manchmal beneide ich alle, die einen kindlichen Glauben haben und niemals Zweifel zu haben scheinen. Ich war immer hart zu mir selbst, bis ich erkannte, dass meine Fragen und Zweifel mich zu einem besseren Verständnis führten. Wenn ich einen einfachen Glauben gehabt hätte, wäre ich nicht so motiviert gewesen, mich intensiv mit *Intelligent Design* (= intelligenter Entwurf, intelligente Gestaltung: kreationistische Auffassung, dass sich das Universum am besten durch einen intelligenten Schöpfer erklären lässt, Anm. d. dt. Hrsg.), dem historischen Jesus oder schwierigen ethischen Problemen zu beschäftigen. Ich wäre lange nicht so wissensdurstig gewesen. Trotz allem habe ich gelernt, Gott für die Menschen mit einem einfachen Glauben zu danken, für ihre Gabe, die christliche Gemeinde zu ermutigen.

Die Kirche hat Glaubenszweifel lange ignoriert. In unserem Zeitalter der unbegrenzten Informationen und endlosen Wahrheitsansprüche werden die Menschen unweigerlich Zweifel erfahren. Anstatt dies als etwas Schlechtes anzusehen, bete ich, dass die Kirche diese Gelegenheit wahrnimmt und den Menschen hilft, ihren Glauben zu stärken.

Und darum bin ich für das Buch *Wenn du zweifelst ...* so dankbar. Bobby Conway geht mit der Tatsache des Zweifels ehrlich und einfühlsam um, wobei er hoffnungsvolle und praktische Lösungswege anbietet. Ich glaube, Sie werden die Reise genießen.

Sean McDowell, PhD, Lehrbeauftragter an der *Biola University*

1.

Glaubenskrisen

„Für den, der glaubt, ist keine Erklärung notwendig.
Für den, der nicht glaubt, ist keine Erklärung möglich.“
Thomas von Aquin

„Ich bekenne mich zu diesem Glauben nicht wie ein Kind, sondern mein Hosianna ist durch das große Fegefeuer des Zweifels hindurchgegangen.“
Fjodor Dostojewski

In diesem Buch geht es um Glaubenszweifel. Zweifeln bedeutet nicht, sich nur mit der Frage nach Gott und nach seiner Wahrheit auseinanderzusetzen, sondern Glaubenszweifel greifen wesentlich tiefer. Der Zweifel fragt nicht nur: „Was ist real?“, sondern er fragt: „Ist mein Glaube real?“ Ist das, was ich glaube, wirklich stichhaltig? Oder ist es eine modifizierte Wahrheit, eine Mega-Vermarktung eines religiösen Märchens, das von Millionen von leichtgläubigen Gemütern im Laufe der Geschichte aufgebaut wurde?

Zweifel übertrumpfen Fragen und schlagen die reine Neugier nieder. Im schlimmsten Fall sprengen sie den Rahmen der einfachen Suche nach Antworten und enden zwangsläufig darin, die Legitimität der Fragen selbst abzuerkennen.

Zweifel können Christen entweder bereichern oder zu Fall bringen. Sie können uns dazu treiben, nach der Wahrheit zu suchen, oder uns Verzweiflung und Hoffnungslosigkeit bringen. Werden sie ignoriert oder sich selbst überlassen, können sie sich in unsere Gemüter hineinbohren, wo sie einen Virus des Unglaubens hinterlassen, der letztendlich jeglichen gesunden Gedanken über Gott zerstört. Zweifel können uns in einen Zustand versetzen, in dem uns alles egal ist und wir das Leben selbst verabscheuen.

Zweifel können Christen entweder bereichern oder zu Fall bringen.

Intellektuelle Zweifel, die nicht weiter beachtet werden, bilden Tochtergeschwülste, die sich in unseren Gefühlen ausbreiten und vielfältige Ängste, Sorgen, Unruhe, Ärger, Verwirrung, oder Depressionen auslösen. Schließlich können sie in reine Verzweiflung münden, wenn wir das Gefühl haben, manipuliert oder überlistet worden zu sein oder uns ein Leben ohne den einst „kostbaren Glauben" an Gott vorstellen.

EINE WELT IM WANDEL

Ich habe dieses Buch geschrieben, damit Sie niemals in diese Situation kommen bzw. um Ihnen zu helfen, wenn Sie schon an diesem kritischen Punkt angelangt sind. Ich werde Ihnen zeigen, wie Sie sich Ihren Zweifeln stellen und sie überwinden können. Zusammen werden wir die Quelle, die Ursache und die Art der Zweifel untersuchen. Sie fragen sich vielleicht: „Brauchen wir wirklich ein ganzes Buch über Glaubenszweifel? Ist das heute wirklich ein großes Problem in den Gemeinden?" Kurz gesagt: Ja, ist es. Dieses Problem ist größer als die meisten Christen denken.

Wir wollen versuchen, den Zeitgeist unserer schnelllebigen Zeit zu erfassen. Wir leben in einer Multitext-Kultur, die geprägt ist von unzähligen Glaubensformen, Meinungen, Ideen und Lebensphilosophien. Unsere Kultur ist eine Kultur des Zweifelns und der Sehnsucht, des Glaubens und der Fragen, des Suchens und Erforschens. Ein Großteil der Zweifel hat durch die Schnelllebigkeit und den ständigen Wechsel zugenommen. Unsere Gesellschaft lebt in einem Spannungsfeld zwischen dem, was wir einst waren, und dem, was wir einmal sein werden. Viele Menschen befinden sich in dem leeren Raum dazwischen, zwischen dem, was wir definitionsgemäß waren, und der Suche nach dem, was uns in Zukunft definiert. Dieser Zustand ist erst einmal verwirrend und fühlt sich nicht immer gut an.

Os Guiness beschreibt diese Angst so: „Wir leben in einer Zeit des Zweifels, der Desillusion und Feindseligkeit, die etwas wertschätzt, was einst beschrieben wurde als ‚der Glaube, zu dem du gehst, wenn du nicht weißt, wohin du sonst gehen sollst'."[1] Was den Zweifel betrifft, hat unsere sowohl pluralistische als auch säkulare Kultur eine geschwächtes Selbst erzeugt.[2] Wir sind vom Christentum zum Pluralismus bzw. Atheismus gewechselt.

Der Glaube ist schon lange nicht mehr so angenehm und behaglich, wie er einst schien. Es gibt einen Störfaktor; so wie ein Stein im Schuh haben die widerstreitenden Glaubensrichtungen den Glauben zu einer unbequemen Sache gemacht. Heute verlassen Gläubige, die einst ihren Glauben an Jesus bekannten, *aufgrund ihrer Zweifel* in Rekordzahlen die Kirchen. Ich glaube, dass die christliche Gemeinde heute mehr vom Zweifel bedroht ist als jemals zuvor in ihrer 2000-jährigen Existenz.

Der Glaube ist schon lange nicht mehr so angenehm und behaglich, wie er einst schien.

GEFAHR VON AUSSEN

Unser Glaube muss sich mit vielen Gefahren von außen auseinandersetzen. Viele Neue Atheisten haben danach gestrebt, den Glauben durch Spiritualität zu ersetzen. Oberstes Gebot ist der Versuch, sich ein für alle Mal von Gott zu trennen. Uralte Fragen, die in den Herzen vieler Gläubigen Alarm auslösen, werden neu verpackt. Veröffentlichungen dieser fundamentalistisch atheistischen Autoren haben ein gemeinsames Ziel, nämlich Gläubige und Ungläubige mit einer Woge voller Zweifel zu überrollen. Hochgelobte Bücher wie *Der Gotteswahn* von Richard Dawkins, *Das Ende des Glaubens* von Sam Harris, *Den Bann brechen* von Daniel Dennet oder D*er Herr ist kein Hirte: wie Religion die Welt vergiftet* von Christopher Hitchens haben bei vielen ein unüberwindbaren Berg voller Zweifel geschaffen, sodass sich viele Gläubige heimlich fragenn: „Könnte dieses Universum alles sein?"

Diese Neuen Atheisten sind entschlossen, in Gläubigen den Unglauben zu säen, sie setzen sogar Plakate mit dem Motto ein: „Millionen von Menschen sind ohne Gott glücklich, und du?" Für viele Atheisten war Gott vielleicht eine nützliche Erfindung, die denen diente, die sich auf der evolutionären Flugbahn hin zu einem moderneren Zeitalter des wissenschaftlichen Fortschritts befanden. Aber jetzt, da wir erleuchtet sind, sei die Zeit gekommen, ein für alle Mal den Architekten des Himmels, nämlich Gott, zu begraben. *Wir* seien die Architekten.

Friedrich Nietzsches berühmtes Mantra „Gott ist tot" ist immer noch weit verbreitet, ebenso wie diese unentrinnbare innere Stimme, die die meisten Menschen fragt, ob es etwas oder jemanden *jenseits* des Universums gibt – etwas Unergründliches. Jemanden wie ... Gott. Also wendet sich das Blatt. Sogar der ehrlichste Atheist hat Momente, in denen er sich fragt: „Könnte ich mich irren? Existiert *ER* vielleicht doch?"

In einer Welt, die offen ist für viele Ideen, haben weder der Glaube noch der Unglaube es leicht. Trotzdem unterdrücken viele Atheisten, besonders die Neuen Atheisten, die Frage: „Was wäre, wenn ...?“ und halten an ihrem materialistischen Weltbild fest.

Gerechterweise muss gesagt werden, dass nicht die Atheisten allein Gott zu begraben versuchen. Außerhalb des Atheismus haben auch andere den Kampf aufgenommen, den christlichen Glauben zu begraben. Der New Yorker Bestsellerautor Bart Ehrman hat mit seinen Büchern *How Jesus Became God* (Wie Jesus zu Gott wurde); *Abgeschrieben, falsch zitiert und missverstanden*; und *Jesus im Zerrspiegel* dazu beigetragen, die Zweifel zu schüren. Auch der Moslem Reza Aslan und sein Buch *Zelot: Jesus von Nazaret und seine Zeit* stacheln die Glaubenszweifel unter den Gläubigen an. Blogger vergiften mit ihren schädlichen Informationen die Blogosphäre und tragen so zu dieser Verwirrung bei. Mit ihrer leeren Rhetorik schaffen sie es, schlecht ausgerüstete Christen zu verführen und über die Klippen in das Meer voller Glaubenszweifel zu stoßen.

Schließt man sich dieser Parade des Zweifels an, dann bedeutet dies einen rasenden Verfall moralischer Werte. Bislang anerkannte Werte werden über Bord geworfen und sind dem Untergang geweiht. Und so passierte es dann: Früher wurde in unsere Kultur die Ehe zwischen Gleichgeschlechtlichen *abgelehnt*. Später wurde diese Idee erst *toleriert*, dann *akzeptiert*. Heutzutage wird die gleichgeschlechtliche Ehe nicht nur *gefeiert*, es werden auch diejenigen *abgelehnt*, die unter der Ehe etwas anderes verstehen. Das erzeugt kulturelle Verwirrung.

Manche Christen fragen sich insgeheim: „Ist Moral letztendlich relativ?“ Flannery O‘Connor würde uns daran erinnern: „Die Wahrheit richtet sich nicht danach, ob wir sie aushalten können.“ Der moralische Verfall einer Gesellschaft geschieht in fünf Schritten: Erst kommt die Ablehnung, dann die Toleranz, dann die Akzeptanz, danach das Feiern und dann die Ablehnung des Gegenteils der Dinge, die einst abgelehnt wurden. Viele halten dies eher für einen kulturellen Fortschritt als für einen Rückschritt. Aber es führt zu Verwirrung und erzeugt Zweifel.

Dieser moralische Verfall ereignet sich mit hoher Geschwindigkeit. Als Beispiel für meinen Standpunkt dient die Tatsache, dass alle US-Staaten die gleichgeschlechtliche Ehe dulden und legalisieren wollen. Zum Zeitpunkt der Veröffentlichung dieses Buches in den USA wird das US-Verfassungsgericht zusammenkommen, um die nationale Legalisierung gleichgeschlechtlicher Ehen zu diskutieren und es kann sein, dass schon ein Urteil gefällt worden ist, während Sie dieses Buch hier lesen – *Die gleichgeschlechtliche Ehe ist jetzt in allen 50 Staaten Amerikas legal.* (Dies ist tatsächlich seit Juni 2015 der Fall. Anm. d. dt. Hrsg.)

Die Gesellschaft verändert sich so schnell, dass manche meiner Aussagen in diesem Kapitel ein wenig überarbeitet werden müssen. Schulbücher wie *Jacob's New Dress* (Jakobs neues Kleid) oder *When Kayla Was Kyle* (Als Kayla noch Kyle war) oder *Heather Has Two Mommies* (Heather hat zwei Mamas) haben den Kampf aufgenommen, Zweifel an biblischen Wahrheiten, Werten und Moralvorstellungen zu schüren.

Die Gleichstellungsproblematik ist dermaßen verworren, dass manche die Frage stellen: „Welches Geschlecht bevorzugst du?" Manche sagen sogar, dass man beim Gebrauch des Pronomens *er* oder *sie* vorsichtig sein sollte, weil es möglicherweise nicht das Personalpronomen ist, das derjenige bevorzugt. Kalifornien war der erste Staat, der transsexuellen Kindern vom Kindergarten bis zum 12. Schuljahr erlaubte, sich die Toilette ihrer Wahl, also ihres bevorzugten Geschlechts, auszusuchen. Im gleichen Staat dürfen sich die Studenten entscheiden, in welchem Sportteam sie spielen wollen – im Team der Jungen oder der Mädchen.

Zusätzlich zu diesem tiefgreifenden Wandel gewinnt die Legalisation von Marihuana immer schneller an Boden. Die zunehmende Normalisierung von einst verbotenen Dingen ist heute Schnee von gestern. Und wenn Sie nicht schnell genug mithalten, dann bekommen Sie womöglich selbst die Verachtung zu spüren. Der Wertewandel in der Gesellschaft vollzieht sich so schnell, dass die christlichen Kirchen kaum darauf reagieren können. Manche Christen stellen die traurige Frage: „Ist unser Gott weltfremd? Überholt? *Funktioniert* unser Glaube in unserer heutigen Welt überhaupt noch?"

Manche sind bereit, Gott neu zu definieren. Sie sagen: „Es ist Zeit, Gott zu erneuern oder uns ganz von ihm zu verabschieden." Sogar einige Pastoren und Autoren haben versucht, ihm einen neuen Anstrich zu verpassen, indem sie ihn für eine neue Generation cooler, zugänglicher und brauchbarer machten. Neue Zeiten erfordern angeblich einen neuen Gott. Zweifelnde Christen hoffen, ihre Zweifel zu unterdrücken oder zu betäuben, indem sie Gott ein wenig auffrischen.

Zu all diesen externen Faktoren kommt noch das multikulturelle Umfeld hinzu. Was den Glauben betrifft, bietet die Globalisierung jede Menge Möglichkeiten. Die Welt wird immer kleiner und wir kommen mit allen erdenklichen Arten von Glaubensüberzeugungen in Berührung, die einen Schatten des Zweifels über unsere lang gehegte Überzeugung werfen, dass Jesus der einzige Weg in den Himmel ist. Heutzutage herrscht der Pluralismus zusammen mit dem Säkularismus auch in vielen Herzen der bekennenden Gläubigen. Für Christen wird es immer schwieriger, vereint gegen den Chor der Stimmen anzutreten, die gegen Jesus und seine Lehre aufrufen. Es gibt wahrscheinlich noch viel mehr Gefahren von außen, aber ich glaube Sie haben verstanden, was ich meine.

Heutzutage herrscht der Pluralismus zusammen mit dem Säkularismus auch in vielen Herzen der bekennenden Gläubigen.

GEFAHR VON INNEN

Der Gemeinde droht heute auch Gefahr von innen. Es gibt viele Menschen in der Gemeinde, die den Inhalt der Bibel verdrehen, um Themen wie Hölle, Homosexualität, Gender, Abtreibung und Jesus als einzigen Erlöser dem herrschenden kulturellen Umfeld anzupassen. Darüber hinaus sind viele Gemeindeleiter nicht darauf vorbereitet, wie sie mit den Glaubenszweifeln ihrer Herde umgehen sollen. Viele sind so sehr mit Meetings, Aktivitäten, Bauten und den Kirchenfinanzen beschäftigt, dass die „Zurüstung der Heiligen" oftmals eine untergeordnete Rolle spielt.

Andere wiederum sind so besessen davon, sich verantwortlich, cool und fortschrittlich zu geben, dass sie versäumen, ihrer Herde dabei zu helfen, in der Wahrheit zu bleiben. Und könnte es sein, dass diese moderne Bekenntnisbewegung jetzt ein großes Erntefeld für den Glaubensabfall geschaffen hat, weil sie Glaubensinhalte durch äußere Formen ersetzt hat? Und wenn Satan etwas über den Glaubensabfall weiß, dann Folgendes – dem Glaubensabfall gehen Zweifel voraus. Das ist immer so. Ist die Gemeinde bereit, diese Kultur des Zweifels zu leiten?

Natürlich hat sich die Gemeinde ausreichend darum gekümmert, die Bibel auszulegen, aber hat sie die Herde entsprechend ausgerüstet, den Glauben verteidigen und mit Glaubenszweifeln umgehen zu können? Ich glaube, dass die Kirche heutzutage so sehr von Zweifeln geplagt wurde wie noch nie zuvor. Ich habe noch nie solch eine Identitätskrise innerhalb der Gemeinde Christi gesehen. Niemals zuvor waren die Nachfolger Jesu so verwirrt. Und hinter dieser Verwirrung steckt ein Reizmittel namens Zweifel. Geistliche, Lehrer, Apologeten und christliche Leiter dürfen es sich nicht länger einfach machen und sich vor Antworten auf schwierige Fragen, die den Durchschnittschristen plagen, drücken.

Wir müssen uns auf die Fragen einlassen.
Wir müssen um Antworten ringen.
Wir müssen darauf vorbereitet sein.

Aufrichtige Gläubige wie Sie haben ehrliche Fragen, die echte, aufrichtige Antworten verdienen. Wir dürfen diese Tatsachen nicht ignorieren, besonders bei unseren Jugendlichen, unter denen Glaubenskrisen weit verbreitet sind. Lillian Kwon schreibt in einem Artikel über Zweifel und College-Studenten: „Je mehr College-Studenten das Gefühl hatten, dass sie ihre Zweifel äußern durften, als sie noch in der Oberschule waren, desto fester war ihr Glaube und desto größer ihre geistliche Reife."[3] Ist das nicht interessant? David Kinnaman bestätigt das in seinem Buch *You Lost Me (*etwa: Den Anschluss verloren): „Ich glaube, dass ein unausgesprochener Zweifel einer der mächtigsten Zerstörer des Glaubens ist." Das heißt, dass wir über unsere Zweifel sprechen müssen.

Und diese Gespräche müssen in der Kirchengemeinde beginnen. Die Rolle der Gemeinde darf nicht unterschätzt werden, denn der Jugend muss geholfen werden, sich mit den Glaubenszweifeln auseinanderzusetzen. Alle Gemeindeteamleiter müssen sich fragen: „Wie können wir unserer Jugend bzw. der ganzen Gemeinde dabei helfen, mit der heutigen Glaubenskrise fertigzuwerden?" Unglücklicherweise stehen viele Gemeinden diesem Problem passiv gegenüber. Den Glaubenszweifeln der Menschen begegnen wir zu oft distanziert, haben zu viel Angst oder gehen nur sehr ungern damit um. Und das ist eine Tragödie, denn wenn wir über unsere Zweifel sprechen dürfen, kann uns das davor bewahren, letztendlich von unseren Zweifeln erstickt zu werden.

Die Rolle der Gemeinde darf nicht unterschätzt werden,
denn der Jugend muss geholfen werden,
sich mit den Glaubenszweifeln auseinanderzusetzen.

Auch *zu Hause* muss man über dieses Thema reden. Seien wir ehrlich – Kinder sollten ihre Zweifel gegenüber den Eltern zum Ausdruck bringen *dürfen*. Nicht nur das, auch die Eltern sollten ihren Kindern gegenüber die eigenen Zweifel äußern und ihnen zeigen, wie sie mit Zweifeln umgegangen sind. Eine gute Beziehung der Kinder zu den Eltern ist wichtig. Eltern können ihre Kinder nicht zu einem mustergültigen Glauben zwingen und sie sollten sie nicht maßregeln, wenn ihre Kinder kritische Fragen stellen. Tun sie es doch, müssen sie eventuell einen hohen Preis dafür zahlen.

Eltern sollten wissen, dass ihre Kinder Glaubenszweifel haben werden. Daher sollten sie ihnen die Gelegenheit geben, zu Hause die Luft rauszulassen. Die Eltern sollten für schwierige Gespräche ein sicheres Umfeld schaffen, sich an den heutigen großen Fragen beteiligen und anfangen, ihre Aufgaben wahrzunehmen. Jetzt ist nicht die Zeit, uns die Ohren zuzuhalten und die Augen zu verschließen. Den Kampf zu ignorieren verändert den Kampf nicht, sondern birgt nur das Risiko, dass wir ihn verlieren. Also, machen Sie sich bereit. Wir führen einen Krieg.

GUTE ZWEIFEL UND SCHLECHTE ZWEIFEL

Es müsste klar sein, dass nicht alle Zweifel schlecht sind. Manche sind gut. Wir sollten viele Dinge, die nicht wahr sind, anzweifeln, und eine gesunde skeptische Haltung kann uns davor bewahren, Opfer vieler Philosophien zu werden, die in einer Sackgasse enden. Als Christ habe ich andere Glaubensformen und Glaubenssysteme, die miteinander konkurrieren, untersucht. Viele widersprechen sich und können daher nicht alle wahr sein. Sie können alle *falsch* sein, aber da sie sich alle widersprechen, können sie nicht alle *wahr* sein.

Nicht alle Zweifel sind schlecht.

Daher denke ich, dass Skepsis und Zweifel gegenüber dem Mormonentum angebracht sind. Es ist auch richtig, den Islam, den Relativismus, den Atheismus, den Hinduismus, den Buddhismus usw. anzuzweifeln. Es ist sogar gut, bestimmte Dinge innerhalb des Christentums anzuzweifeln. Wir sind nicht frei von falschen Glaubenssätzen. Wie viele Christen (oder Konfessionen) kennen Sie, die sich widersprechen? Die ganze Welt glaubte einst, dass sich die Sonne um die Erde drehe. Es war gut, sich von diesem Irrglauben zu trennen. Andere falsche Glaubenssysteme anzuzweifeln bedeutet nicht, dass sie überhaupt keine Wahrheit beinhalten.[4] Es bedeutet nur, dass das System als Ganzes keine Wahrheit *an sich* darstellt. So hat der Zweifel also seine Berechtigung.

ÜBER DEN GLAUBEN NACHDENKEN KONTRA DEN GLAUBEN ANZWEIFELN

Es gibt auch einen Unterschied, ob wir über unseren Glauben *nachdenken* oder ihn *anzweifeln*. Es ist gut, wenn wir über unseren Glauben nachdenken, wogegen es Glaubenszweifel gibt, die nicht richtig sind. Der Zweifel ist ein dunkler Ort, und kein Christ, der nach der Wahrheit sucht, will in der Dunkelheit leben. Glaubenszweifel werden in dem Moment ungesund, wenn wir die Wahrheit anzweifeln. Der berühmte christliche Apologet William Lane Craig schreibt:

> Als ich Student am Wheaton College war, waren viele Studenten der Meinung, zu zweifeln sei eine Tugend, und ein Christ, der seinen Glauben nicht anzweifelte, sei entweder dumm oder naiv. Aber solch eine Einstellung ist unbiblisch und konfus. Es ist unbiblisch, wenn man Glaubenszweifel für eine Tugend hält; im Gegenteil, die Bibel sagt, dass Zweifel immer negativen Einfluss auf das geistliche Leben haben ... Wie konnten die Studenten

> am Wheaton College Dinge so vollkommen verdrehen? Wahrscheinlich war ihr verwirrtes *Denken* über ihren Glauben zusammen mit ihren *Glaubenszweifeln* schuld daran. Wir müssen hier klar unterscheiden.[5]

Craig hat es auf den Punkt gebracht. Die Bibel beschönigt Zweifel nicht.[6] Wir müssen zwar über unsere Zweifel sprechen, aber wir müssen sie nicht feiern. Das ist ein Unterschied.

Wir dürfen Zweifel nicht ignorieren, denn sie sind da. Und wir müssen uns mit ihnen auseinandersetzen, damit sie unseren Glauben nicht zerstören. Zuallererst müssen wir erkennen, was Glaubenszweifel eigentlich sind.

Wir müssen uns mit ihnen auseinandersetzen,
damit sie unseren Glauben nicht zerstören.

ZWEIFEL DEFINIEREN

Der Theologe Gary Habermas setzt sich mit dem Wort *Zweifel* näher auseinander. Das Zitat ist lang, aber lesenswert und für ein besseres Verständnis der Misere, die wir Zweifel nennen, sogar notwendig:

> Im Neuen Testament gibt es mindestens ein halbes Dutzend griechische Wörter, die den Zustand beschreiben, den wir Zweifel nennen. Diese Ausdrücke können auch eine andere Bedeutung haben, wie Verwirrung oder Verwunderung. Wenn sie in dem Sinne, der für uns relevant ist, benutzt werden, dann umfassen die *Schlüsselwörter den Zustand der Ungewissheit oder das Schwanken zwischen zwei Positionen.* Interessanterweise beziehen sie sich sowohl auf Gläubige als auch auf Ungläubige.

Zum Beispiel beschreibt Jakobus mit dem gängigsten Wort für Zweifel *(diakrino)* den Mann, der Gott um Weisheit bittet, sich jedoch fragt, ob er überhaupt etwas von Gott empfangen werde. Dieser Mensch ist nach Jakobus unbeständig in allen seinen Wegen (Jakobus 1,5-8). Mit dem gleichen Ausdruck unterweist Judas die Gläubigen, sich Zweiflern zu erbarmen (Judas 22), die offensichtlich unter dem Einfluss von Irrlehrern standen (Verse 17-23). Matthäus erwähnt, dass die Jünger gelegentlich zweifelten *(distazo)* (14,31; 28,17). Beim ersten Mal bezeichnete Jesus Petrus als Kleingläubigen und fragte ihn, warum er zweiflte. Auch Juden, die nicht an Jesus glaubten (Johannes 10,24), wurden Zweifler genannt *(psuchen airo).*

Es werden auch andere Ausdrücke mit ähnlicher Bedeutung verwendet. Paulus beschreibt seinen eigenen Zustand in der Zeit der Verfolgung als verwirrt *(aporeo)*, obgleich er sagte, dass er nicht verzagen würde (2. Korinther 4,8). Jesus gebrauchte ein anderes Wort *(meteorizo)*, als er seine Zuhörer vor Unruhe warnte (Lukas 12,29). *Diese Wörter beschreiben Unentschlossenheit oder Infragestellen, ja sogar Besorgnis, Verzweiflung oder Unglauben.* Je nach Kontext können diese Begriffe auf vielerlei Art verwendet werden. Der Zweifel umfasst ein breites Spektrum möglicher Geisteszustände mit einigen Unterschieden bezüglich der besonderen Situation. Der Zweifel kann zum Unglauben hin tendieren, bezieht sich jedoch gewöhnlich auf echte Gläubige, denen es an Gewissheit mangelt.[7]

Os Guiness schreibt einfühlsam:

Das lateinische Wort für Zweifel, *dubitare*, hat indogermanische Wurzel und bedeutet „zwei". Zu glauben oder einen

> Glauben haben, bedeutet, „einmütig“ darin zu sein, was man als Wahrheit akzeptiert; beim *Un*glauben lehnt man die Wahrheit „einmütig“ ab. Der Zweifel schwankt zwischen Glaube und Unglaube. Es ist ein „unschlüssiger“ Glaube.“[8]

Deswegen richtet der Zweifel solch einen Schaden an. Er spaltet das Bewusstsein. Entgegen der landläufigen Meinung ist das Gegenteil des Glaubens *nicht* der intellektuelle Zweifel, sondern der Unglaube. Der Zweifel liegt dazwischen, schwankt und baumelt in der Mitte.

Seien wir ehrlich. Zweifel werden niemals ruhen. Sie sind nicht neutral.

Zweifel wollen erhört werden.

Zweifel haben einen Zweck.

Zweifel haben ein Ziel.

Das bedeutet, dass Menschen, die zweifeln, entweder am Glauben festhalten oder zum Unglauben tendieren werden. Sie werden entweder in die eine oder in die andere Richtung schwanken. Ich weiß, dass es vielerlei Arten des Zweifels gibt. Ich konzentriere mich jedoch hauptsächlich auf den Zweifel, der sich speziell auf unschlüssige Personen bezieht. Ich wende mich an den wankelmütigen Christen.

Ich möchte auch hinzufügen, dass es *skeptische* und *aufrichtige* Zweifel gibt. Es gibt *antagonistische* Zweifel und *authentische* Zweifel. Alle unterscheiden sich himmelweit voneinander. Diejenigen, welche aufrichtige und authentische Zweifel haben, möchten ihre Zweifel gelöst haben, damit sie mit Gott weiter vorangehen können, während die anderen ihre Zweifel bestätigt haben wollen, damit sie sich von Gott *lösen* können.

KEINE PANIK

Jetzt möchte ich Ihnen einige Fragen stellen. Haben Sie jemals mit Zweifeln bezüglich Ihres Glaubens, Jesu, der Bibel, der

Moral, der Wunder oder der Wahrheit zu kämpfen? Ringen Sie um Ihren Glauben und suchen Sie Orientierungshilfe, damit Sie sich Ihren Zweifeln effektiv stellen können? Haben Sie sich jemals insgeheim gefragt: „Habe ich einer Lüge geglaubt? Könnte ich mich irren?" Haben Sie jemals das Gefühl gehabt, Ihr einst brennender Glaube habe seine Leidenschaft verloren? Steht die Flamme kurz vor dem Verlöschen und haben Sie das Gefühl, im Dunkeln zu sein, wo Sie sich fragen: „Gott, wo bist du?" Haben Sie jemals Angst oder sogar Panik verspürt, wobei Ihre Zweifel immer größer wurden?

Wenn es so ist, dann möchte ich Ihnen Trost zusprechen. Dieses Buch wurde für Sie geschrieben. Wie der verstorbene, große britische Prediger Martin Lloyd-Jones einst sagte: „Glaube ist die Weigerung, in Panik zu verfallen." Das ist ein weiser Ratschlag, besonders für Christen, die von Zweifeln geplagt sind. Anhand der Lektionen werden Sie lernen, Ihre Panik in Frieden umzuwandeln, indem Sie auf ganz neue Art und Weise mit Ihren Zweifeln umgehen.

Glaube ist die Weigerung, in Panik zu verfallen.

Wie sieht der neue Weg in dieser krisenreichen und verwirrenden Zeit, in der wir leben, aus? Sollten wir den Weg des Agnostikers und Autors von *Divinity of Doubt* (Die Göttlichkeit des Zweifels), Vincent Bugliosi, beschreiten, der schreibt: „Die Angelegenheit mit Gott lässt sich auf einen grundsätzlichen Nenner bringen. Gibt es einen Gott, der die Welt erschaffen hat? Oder ist Gott ein Wort, das wir gebrauchen, um die Welt zu erklären? In beiden Fällen ist Gott nur eine Frage"?[9] Nach Bugliosi kann die „Gottesfrage" weder verneint noch bejaht werden.

Eins ist jedoch sicher. Es ist wesentlich einfacher, Fragen zu stellen als Antworten zu finden. Trotzdem ist ein Leben ohne

Deutung anstrengend. Daher wollen wir Erklärungen und glücklicherweise hat das Weltbild der Christen ganz gute Erklärungen. Das sollte uns Hoffnung geben. Es bedeutet auch, dass jetzt nicht der Moment ist, die Flinte ins Korn zu werfen.

Die ganze Zeit herumzusitzen und zu zweifeln ist der sicherste Weg in die Selbstsucht. Man würde Gott aus den Augen verlieren und in ein selbstbezogenes Leben verfallen. Wir würden unser Inneres vollkommen verschließen und wären unfähig, über unser panisch besessenes Selbst hinauszuschauen. Vorsicht, ihr Zweifler. Der Zweifel ist ein rastloser Widersacher, der beseitigt werden muss.

Vorsicht, ihr Zweifler.
Der Zweifel ist ein rastloser Widersacher,
der beseitigt werden muss.

JESUS IST SIEGER

Wir haben gesehen, dass immer dann, wenn eine Gesellschaft einen schnellen sozialen und kulturellen Wandel erlebt, sich auch eine Tür öffnet, durch die sich der Zweifel einschleicht und Panik verursacht. Ein kurzer Streifzug durch die Geschichte soll uns zeigen, dass schon lange vor unserer Zeit gläubige Menschen von Zweifeln bedroht wurden.

G. K. Chesterton schrieb einst: „Mindestens fünfmal schien der Glaube vor die Hunde zu gehen. In jedem dieser fünf Fälle war es der Hund, der starb." Und Jesus machte keine Scherze, als er sagte: „Auf diesen Felsen will ich meine Gemeinde bauen, und die Pforten der Hölle sollen sie nicht überwältigen."[10]

Wir leben zwar in turbulenten Zeiten, aber Jesus sprach diese Worte absichtlich, damit wir standhaft und zuversichtlich bleiben, trotz der großen Orientierungslosigkeit um uns herum. *Er wird siegen.* Auch wenn Ihre Zweifel Sie so sehr plagen, dass nur noch Hoffnungslosigkeit übrig bleibt – hoffen Sie weiter. Hören Sie nicht auf zu vertrauen. Hören Sie nicht auf zu glauben. Er wird siegen. Wie der Psalmist einst schrieb: „Wenn ich sprach: Mein Fuß ist gestrauchelt, so hielt mich, HERR, deine Gnade." Halten Sie an der Hoffnung fest, denn er hält Sie auch fest. Und vertrauen Sie, auch wenn es schwer fällt.

Jeder Flugzeugpilot weiß, dass es so etwas wie räumliche Desorientierung gibt. Es passiert, wenn ein Pilot in den Wolken ist und man nicht sagen kann, ob das Flugzeug richtig oder verkehrt herum fliegt. Das ist wirklich beängstigend. In dem Moment, in dem der Pilot diese Orientierungslosigkeit erlebt, steht er vor einer kritischen Entscheidung – soll er seinen Gefühlen vertrauen oder sich nach den Instrumenten richten? Das eine ist irgendwie natürlich und vertraut, das andere fremd und unbekannt. Der Pilot ist mit der Frage konfrontiert: „Wer lügt und wer sagt die Wahrheit?" Verlässt er sich auf sein Gefühl und darauf, was ihm echt erscheint? Oder richtet er sich nach der Instrumententafel? Nach Fleisch und Blut oder nach Zahlen, Lichtern und Zifferblättern? Wenn er sicher sein will, muss er auf den Fluglageanzeiger schauen, den künstlichen Horizont, der ihm anzeigt, ob das Flugzeug richtig oder falsch herum liegt. Diese Entscheidung, der Instrumententafel zu vertrauen, ist für gewöhnlich der Unterschied zwischen Leben und Tod.

Als Gläubige werden wir wahrscheinlich keine räumliche Desorientierung erleben, aber wir können eine *geistliche* Desorientierung erfahren, wenn wir von Zweifeln geplagt werden. Und wie ein Pilot müssen wir üben, unseren Instrumenten zu vertrauen. Die Instrumente des Christen sind der Glaube und das Wort Gottes. Die Bibel ist unser „Fahrtrichtungsanzeiger" und der Glaube navigiert uns durch die tief hängenden Wolken der Zweifel. Im Sturm der Verwirrung ist der Glaube richtungsweisend. Wenn wir zweifeln und am Glauben festhalten, dann führen unsere Zweifel uns zu *Gott*. Er ist der Einzige, der uns durch den Sturm leiten und unsere Zweifel stillen kann.

Wir müssen üben, unseren Instrumenten zu vertrauen.
Die Instrumente des Christen
sind der Glaube und das Wort Gottes.

Der christliche Philosoph Blaise Pascal sagte: „Der Glaube bringt genug Licht für diejenigen, die glauben wollen, und genug Schatten, um diejenigen mit Blindheit zu schlagen, die es nicht wollen." Die Entscheidung liegt bei Ihnen. Sie können vom Zweifel zum Unglauben kommen oder vom Zweifel zum Glauben. Wir haben heute Glaubenszweifel, weil wir eine Glaubenskrise haben. Sie stehen kurz davor zu lernen, Ihre Zweifel so zu navigieren, dass sie zum Glauben führen, ohne dass Sie dafür Ihren Intellekt oder Ihre Vernunft opfern müssen. Und während dieses Prozesses könnten Sie die *Wahrheit* entdecken.

Interessiert?

Wenn ja, dann lassen Sie uns sofort anfangen.

REFLEXIONEN ÜBER DEN ZWEIFEL

- Der Zweifel fragt nicht einfach: „Was ist real?" Er stellt uns vor die herausfordernde Frage: „Ist mein Glaube real?"
- Vorsicht! Die Gläubigen werden bezüglich der Zweifel von zwei Seiten bedroht. Sowohl von außen als auch von innen.
- Der Zweifel bleibt nicht ruhig. Der Zweifel eines Menschen führt entweder zum Unglauben oder zum Glauben.

FRAGEN ZUM NACHDENKEN UND ZUR WEITEREN DISKUSSION

1. Was war in diesem Kapitel für Sie am wichtigsten?
2. Bobby sagt, dass die Gemeinde in den 2000 Jahren ihres

Bestehens mehr denn je von Zweifeln bedroht ist. Stimmen Sie mit dieser Aussage überein oder nicht? Erklären Sie, warum.

3. Können Sie sich an irgendein historisches Ereignis erinnern, das enorme Veränderungen mit sich brachte und dadurch auch Verwirrung und Glaubenszweifel? Wenn ja, was können wir von den Gemeinden lernen, die das schon erlebt haben? Über welche Erkenntnisse lohnt es sich zu diskutieren?
4. In diesem Kapitel wurde über *Gefahren von außen* gesprochen, die zu der heutigen Glaubenskrise beitragen. Kennen Sie noch weitere? Wenn nicht, welche in diesem Kapitel sind Ihnen besonders aufgefallen?
5. Die Gemeinde ist auch von innen bedroht. Hat Ihre Kirchengemeinde einen guten Plan parat, um zweifelnden Christen oder wissbegierigen Ungläubigen zu helfen, trotz der Zweifel ihren Glauben zu stärken? Wenn nicht, wie könnte Gott Sie in Ihrer Gemeinde einsetzen, um verletzten Zweiflern zu helfen?
6. Was können Eltern besser machen, wenn ihre Kinder Zweifel äußern?

2.

Der Stachel im Verstand

„Zweifeln ist der Anfang der Weisheit. Indem wir nämlich zweifeln, gelangen wir zur Untersuchung und durch diese erfassen wir die Wahrheit.“
Peter Abelard

„Es gab eine Burg des Zweifels, dessen Besitzer war der Riese Verzweiflung.“
John Bunyan

Für viele verkörperte sie den Glauben schlechthin – sie diente anderen Menschen, tröstete die Armen, Schwachen und Sterbenden. Nur wenige wussten von ihren tiefen, inneren Qualen, ihrem lang gehüteten Geheimnis. Jahrzehnte ermutigte sie andere in ihrem Glauben, während sie selbst ihren eigenen infrage stellte.

In dem Buch *Komm, sei mein Licht* von Mutter Teresa, das einige private Briefe und Aufzeichnungen enthält, erfahren wir, dass die albanische, römisch-katholische Nonne voller Glaubenszweifel war. Diese Zweifel hingen bis zu ihrem Tod 1997 wie eine dicke, dunkle Wolke über ihr.

Sie fühlte sich, wie viele Menschen auch heute, von Gott vollkommen verlassen, sie zweifelte sogar an Gottes Existenz. Im Jahr 1959 schrieb sie: „Wenn ich jemals eine Heilige werde – dann ganz gewiss eine Heilige der Dunkelheit." Einige Jahre vorher schrieb sie an Perier, den Erzbischof von Kalkutta:

> In meiner Seele herrscht ein so großer Widerspruch. Ein so tiefes Verlangen – das in meinem Herzen diesen tiefen Schmerz verursacht – ein beständiger Schmerz – Gott will mich nicht – zurückgestoßen – leer – kein Glaube – keine Liebe – keine Begeisterung. Die Seelen ziehen mich nicht mehr an – der Himmel bedeutet nichts mehr – für mich schaut er wie ein leerer Platz aus – der Gedanke daran bedeutet mir nichts und trotzdem dieses quälende Verlangen nach Gott. Beten Sie für mich, dass ich weiter lächelnd zu ihm kommen kann. Denn ich gehöre nur Ihm – und er hat jedes Recht über mir. Ich bin vollkommen glücklich, dass ich sogar vor Gott ein Niemand bin.[1]

Mutter Teresa *zweifelte und hielt am Glauben fest*. Obwohl sie mitten in der Hoffnungslosigkeit steckte, gab sie niemals ihren Glauben auf. Obwohl sie sich verlassen fühlte, verließ sie niemals Gott.

„LIEBER ZWEIFEL ..."

Haben Sie jemals solche Gefühle gehabt? Von Gott verlassen? Einsam? Irritiert? Deprimiert? Innerlich leer? Voller Angst? Gelähmt? Skeptisch? Oder voller Fragen? Hinter dem Schleier unserer Zweifel stecken unbeantwortete Fragen wie: „Wie kann ein liebender Gott so viel Böses und Leid in der Welt zulassen?" Ähnlich wie ein Fluss von Nebenflüssen wird dieses riesige Rätsel gespeist von anderen scheinbaren

Geheimnissen, die uns verunsichern und Zweifel an unserem Glauben hervorrufen:

- Gott, warum hast du meinen Ehepartner so früh sterben lassen?
- Warum musste mein Kind diese unheilbare Krankheit Leukämie bekommen?
- Warum gibt es in der Welt so viele Kinder, die an Hunger sterben?

Es gibt noch andere irritierende Fragen:

Kann ich der Bibel vertrauen? Ist sie nicht einfach nur von Menschen geschrieben und voller Widersprüche? Wurde sie nicht im Laufe der Jahrhunderte immer wieder verändert?

Welches Schicksal wartet auf jene, die noch nie von Jesus gehört haben?

Ist der christliche Glaube nicht nur eine Krücke für willensschwache Menschen?

Existiert Gott wirklich? Wenn ja, sorgt er sich um unsere kleinen Nöte?

Gibt es wirklich noch Wunder?

Ist Jesus wirklich von den Toten auferstanden? Wenn ja, wie kann ich sicher sein? Wie können wir es beweisen?

Gibt es so etwas wie eine absolute moralische Wahrheit? Ist Wahrheit nicht relativ?

Wenn es nur einen Gott gibt und er ist all-liebend, dann gibt es sicherlich viele Wege, um zu ihm zu kommen, oder?

Warum? Warum? Warum? Wie der Refrain eines Liedes, den wir nicht aus dem Kopf bekommen, hacken die Fragen nach dem *Warum* unaufhörlich auf unseren Verstand und Geist ein. Sie wollen einfach nicht verschwinden.

Wenn Sie sich selbst auch schon diese oder ähnliche Fragen gestellt haben, dann sind Sie nicht allein. Lassen Sie mich es noch einmal sagen. Sie sind *nicht* allein. Jeder wahre Denker musste sich mit Zweifeln auseinandersetzen. Jeder Mensch, der seinen Geist und Verstand einsetzt, wird merken, dass sein Glaube unvermeidlich mit diesen Zweifeln, Fragen und Widersprüchen zu kämpfen hat.

Aber sie sind trotzdem lästige Plagegeister, nicht wahr? Sie können unser Leben belasten und sogar den erfahrensten Gläubigen durcheinander bringen. Der Zweifel nimmt keine Rücksicht auf Personen. Wir alle sind anfällig, sowohl der bewährte Heilige als auch der hartherzige Sünder. Wir können uns vor dem Zweifel weder verstecken noch wegrennen, ihn auch nicht ignorieren – zumindest nicht ohne Konsequenzen. Das einzige, was wir mit unseren Zweifeln tun können, ist, uns ihnen zu stellen. Ihnen direkt in die Augen zu schauen.

Der Zweifel nimmt keine Rücksicht auf Personen.
Wir alle sind anfällig, sowohl der bewährte Heilige
als auch der hartherzige Sünder.

Wenn wir das nicht tun, wird uns der Zweifel langsam (manchmal auch schnell) auffressen, unsere geistige Energie aufsaugen und unsere Beziehung zu Gott zerstören. Der Zweifel wird unsere Begeisterung für Christus vernichten. Wenn wir unsere Zweifel ignorieren, dann verleugnen wir nicht nur Tatsachen, sondern wir nähren auch unsere Zweifel. Sie werden größer und verselbstständigen sich. Wir *müssen* uns den Zweifeln stellen, sonst untergraben sie unseren Glauben.

Wenn Sie zu den Glücklichen gehören, die tiefe Zweifel nicht nachempfinden können, dann ist es Ihre Pflicht, denen zu helfen, die davon betroffen sind. Denken Sie an Judas' Ermahnung: „Und der einen, die zweifeln, erbarmt euch."[2] Denken Sie jedoch auch daran: Fehlende Zweifel bedeuten nicht, dass Sie superfromm sind. Vielen oberflächlichen Christen ist die Qual des Zweifelns erspart geblieben, weil sich ihr Glaubensleben auf einen täglichen Bibelvers aus dem Buch der Sprüche reduziert hat. Diese Menschen *leben* nicht mit der Bibel, sie nehmen nur kleine *Snacks* zu sich. Obgleich ich voll und ganz dafür bin, das Buch der Sprüche zu lesen, werden Sie erst dann nach echten Antworten suchen, wenn Sie Tragödien erlebt haben oder starken Zweifeln ausgesetzt sind.

Wenn Sie Ihren Glauben niemals in irgendeiner Form infrage gestellt oder angezweifelt haben, dann könnte das auch bedeuten, dass Sie selten tiefer über Glaubensangelegenheiten nachgedacht haben. Vielleicht zweifeln Sie nie an Gottes Existenz, und das ist okay. Aber als gläubiger Mensch des 21. Jahrhunderts, das sich durch Skepsis und Feindschaft dem Christentum gegenüber auszeichnet, sollten Sie einen guten Grund angeben können, *warum* Sie an seine Existenz glauben. Tun wir das nicht, dann haben wir uns von der Welt, in der wir Salz und Licht sein sollen, abgekoppelt, wir sind naiv, unwichtig und unbrauchbar.

Glaubenszweifel, die unser ganzes Sein durchdringen, können jedoch für manche Nachfolger Jesu äußerst belastend sein. Wie Unkraut wachsen diese Zweifel und sie widersetzen sich allen unseren Bemühungen, sie ein für alle Mal auszurotten.

OBERFLÄCHLICH ODER IN DIE TIEFE GEHEND?

Der Zweifel wurde beschrieben als ein Stachel im Verstand. Er ist wie das Summen eines Insekts, das man nicht orten kann, wie der Juckreiz auf dem Rücken, wo man sich nicht kratzen kann, wie das Tropfen eines Wasserhahns, den man nicht abschalten kann, oder das Klingeln im Ohr, das man nicht los wird. Gelinde gesagt ist der Zweifel eine Plage.

Wer ist denn dieser unerwünschte Eindringling, den wir Zweifel nennen? Vielleicht erleichtert Sie es, dass das Vorhandensein von Zweifeln nicht bedeutet, dass Sie kein Christ sind. Wenn wir an Zweifel denken, denken wir automatisch an Atheisten wie den deutschen Philosophen Friedrich Nietzsche oder den liberalen Talkshow-Master und Komiker Bill Maher.

Wenn Sie zweifeln, denken Sie daran,
dass Sie nicht allein sind.

Wenn Sie zweifeln, denken Sie daran, dass Sie nicht allein sind, auch wenn es sich manchmal so anfühlt. In unserer Geschichte und in der Bibel gab es schon immer viele Zweifler. Hier nun einige Beispiele bekannter Christen, die mit dem Stachel namens Zweifel gekämpft haben. Nehmen Sie sich einen Moment Zeit und hören Sie sich ihre Gedanken an:

Augustinus: „Der Zweifel ist nur ein anderes Element des Glaubens."

Johannes Calvin: „Während wir lehren, dass der Glaube sicher und gewiss sein sollte, können wir uns gleichzeitig keine Sicherheit vorstellen, die nicht durchsetzt ist mit Zweifeln, keine Gewissheit, die nicht bedroht wird durch Ängste."[3]

Charles Spurgeon: „Ich glaube nicht, dass es jemals einen Christen gab, der nicht hin und wieder seinen Glauben an Jesus anzweifelte. Ich denke, wenn ein Mensch behauptet, dass er nie zweifelt, ist es an der Zeit, ihn anzuzweifeln."[4]

C. S. Lewis: „Seitdem ich Christ bin, kann es geschehen, dass mir das ganze Christentum höchst unwahrscheinlich vorkommt, während ich früher, als Atheist, das Christentum von Zeit zu Zeit unerhört überzeugend fand."[5]

Karl Barth: „Der Theologe sollte angesichts seiner Zweifel, und sind sie noch so radikal, nicht verzweifeln. Der Zweifel hat durchaus seine Berechtigung. In der jetzigen Zeit kann niemand, nicht einmal der Theologe, dem Zweifel entkommen."[6]

Francis Schaeffer: „In den Jahren 1951 und 1952 musste ich eine geistliche Krise in meinem Leben durchstehen ... Ich sagte meiner Frau, dass ich um der Ehrlichkeit willen bis zum Agnostizismus zurückgehen und die ganze Sache noch einmal durchdenken müsste."[7]

Billy Graham: „Jesus nannte den Teufel den ‚Vater der Lügen' (Johannes 8,44). Bedeutet das, dass der Teufel direkt für jeden Zweifel, den wir haben, verantwortlich ist? Nicht unbedingt; Zweifel kommen oft aus dem eigenen Herzen und dem Verstand. Eigentlich ist es egal, woher die Zweifel kommen; entscheidend ist, was wir mit ihnen tun."[8]

Die Bibel erzählt auch von vielen Menschen, die von Zweifeln geplagt wurden. Wir werden uns einige im Laufe des Buches anschauen. Denken Sie doch mal an Sarah, als sie bei dem Gedanken, mit 90 Jahren schwanger zu werden, lachen musste.[9] Kann man es ihr verübeln? Wir sind alle der Meinung, dass sie gute Gründe für ihre Zweifel hatte. Auch Habakuk wurde vom gleichen Stachel des Zweifels gequält, als er mit der Gerechtigkeit Gottes haderte: „Warum lässt du mich Unrecht sehen und schaust dem Verderben zu?"[10]

Der Stachel bohrte sich auch in Zacharias, als man ihm sagte, dass seine Frau ihm in ihrem Alter einen Sohn gebären würde.[11] Wie sein Vater verspürte auch sein Sohn, Johannes der Täufer, diesen Stachel des Zweifels. Johannes war sogar innerlich so angegriffen, dass er sich fragte, ob Jesus wirklich der Messias sei.[12] Die Zweifel des Johannes erscheinen umso schockierender, denkt man an seine Rolle als überzeugter Vorläufer und Verkünder, dass Jesus tatsächlich der Messias sei.

Der Stachel war in Thomas, als er sagte: „Wenn ich nicht in seinen Händen das Mal der Nägel sehe und meine Finger in das Mal der Nägel lege und lege meine Hand in seine Seite, so werde ich nicht glauben."[13] Kein Wunder, dass er der ungläubige Thomas genannt wird. Thomas musste den auferstandenen Christus sehen, damit er glauben konnte, aber für andere reichte noch nicht einmal das Sehen aus. Nach der

Auferstehung Jesu erschien er seinen Jüngern und „als sie ihn sahen, fielen sie vor ihm nieder; einige aber zweifelten."[14]

Die Bibel ist ein Buch voller Zweifler.

Erstaunlich, nicht wahr? Haben Sie verstanden? Die Bibel ist ein Buch voller Zweifler. Und was haben sie Ihrer Meinung nach alle gemeinsam?

Sie waren alle *Gläubige.*

Zweifelnde Gläubige.

Geplagte Gläubige.

Menschen wie Sie und ich.

Klingt wie ein Widerspruch, nicht wahr? Aber alle diese Gläubigen zweifelten und *hielten am Glauben fest.*

Und wenn das nicht schockierend genug ist, denken Sie an Jesus. Der Retter der Welt schrie vom Kreuz ein herzzerreißendes *Warum.* Nicht nur bohrten sich ihm echte Stachel ins Fleisch, als seine offenen Wunden über den groben Holzbalken scheuerten, er hatte auch einen Stachel in seinen Gedanken. Der zeigte sich, als er am Kreuz hing und als sündloser Mensch aufschrie: „Mein Gott, mein Gott, warum hast du mich verlassen?"[15] Ist das nicht der Horror aller Zweifel?

Sich verlassen zu fühlen, ist schon schlimm genug. Aber Jesus fühlte sich von *Gott* verlassen.

Verlassen.

Vergessen.

Gemieden.

Allein.

Sich selbst überlassen.

Das ist das Elend, das wir Zweifel nennen. Diese Zweifel hatten aber nicht ausschließlich Menschen der Bibel oder längst verstorbene Theologen. Zweifel gibt es auch heute noch. Sie und ich haben auch Zweifel. Glaubenszweifel sind allgegenwärtig. Sie rauben den Christen ihre Freude, nehmen ihnen jegliche Kraft und Hoffnung. Der Zweifel nimmt keine Rücksicht auf Menschen, Alter, Rasse, Geschlecht oder Beruf. Wie ein Virus greift er an. Er versucht, unseren Glauben zu zerstören und könnte erfolgreich sein – wenn wir es zulassen.

In ihrem Buch *Philosophy of Religion* (Religionsphilosophie) erinnern uns C. Stephen Evans und R. Zachary Manis daran, dass die „großen Heiligen [...] nicht Menschen ohne jegliche Zweifel waren, sondern Menschen, die mit ihren Zweifeln umzugehen wussten und entsprechende Maßnahmen ergriffen".[16] Diese Menschen lernten, angesichts ihrer Zweifel trotzdem am *Glauben* festzuhalten. Das ist nicht einfach, aber es ist möglich.

SEELISCHE QUALEN

Der Zweifel lässt sein Opfer im Zustand der Verzweiflung und Agonie zurück. Wie ständige Kopfschmerzen pocht der Zweifel mit jedem Herzschlag, versklavt uns mit innerer Zerrissenheit. Der Zweifel kann uns emotional aufzehren.

Wir sind einsam.

Verwirrt.

Deprimiert.

Hoffnungslos.

Wollen aufgeben.

Glaubenszweifel können einst voll engagierte Gläubige dazu bringen, über Selbstmord nachzudenken, weil sie jegliche Hoffnung aufgegeben haben und sich dem Nihilismus zugewendet haben.[17] Zweifel zerstören nach und nach unsere Vertrautheit zu Jesus und unter anderen selbstbewussteren Gläubigen fühlen wir uns wie Schwindler. Wie Heuchler, die in der Dunkelheit zweifeln, weil sie verspottet oder verdammt werden könnten. Zweifel können uns ersticken. Darum muss die Gemeinde reagieren. Und zwar schnell.

Zweifel zerstören nach und nach unsere Vertrautheit mit Jesus und unter anderen selbstbewussteren Gläubigen fühlen wir uns wie Schwindler.

Vorbei sind die Zeiten (wenn es sie überhaupt jemals gab) eines amerikanischen, christlichen Zukunftsstaates. Das ist nicht mehr das christliche Amerika unserer Glaubensväter. Darüber hinaus verlässt die Jugend unseres Landes die Kirchen in Scharen und diese Austritte werden geschürt durch eine Fülle von ungeprüften Zweifeln.

Ich habe das Privileg, ein international anerkanntes Programm auf YouTube namens *The One Minute Apologist* (Der Ein-Minuten-Apologet) zu moderieren.[18] In unserem Programm versuche ich, biblische Antworten auf Fragen zu geben, die sowohl Gläubigen als auch Ungläubigen ein Rätsel sind. Unser Motto ist, auf „merkwürdige Fragen glaubwürdige Antworten" zu geben, und ich spreche mit Gelehrten über ihre professionellen Ansichten. Als Folge davon bekomme ich E-Mails und Fragen aus aller Welt geschickt. Manchmal suchen Menschen, wie diese Jugendliche, dringend nach Antworten auf ihre Zweifel:

> Hallo, mein Name ist „Janine". Ich bin 17 Jahre alt und Christin. Ich bin seit vielen, vielen Jahren Chrisin. Gott war immer bei mir und tröstete mich, aber seit kurzem befinde ich mich in einer „Glaubenskrise". Ich habe Zweifel an der Bibel und an dem, was sie sagt.
>
> Zum Beispiel: Wie ist es physisch möglich, von den Toten aufzuerstehen? Warum hilft Gott mir nicht, wenn ich ihn wirklich brauche? Sagt die Bibel nicht, dass er helfen will?
>
> Manchmal sind die Zweifel Aussagen, die meinen Verstand und meinen Glauben vernichten, wie: „Du

verschwendest meine Zeit“ oder „Du glaubst einem Märchen“ und „Dein Glauben findet nur in einem Teil deines Gehirns statt.“

Eigentlich möchte ich diesen Zweifeln nicht glauben. Denn immer, wenn ich daran denke, spüre ich innerliche Qualen. Meine Depressionen werden immer stärker. Kürzlich hatte ich deswegen viele Panikattacken und anderen Stress. Es hilft mir nicht, wenn ich in der Schule mit anderen Atheisten zusammen bin. Es gibt wirklich niemanden, den ich um Hilfe bitten kann. Daher frage ich Sie. Was soll ich machen? Denn ich habe Angst zu sagen: *Ich bin verloren*.

Können Sie ihre Qual spüren?

Ihre innere Leere?

Ihre Verwirrung?

Haben Sie jemals auch solche Gedanken oder Gefühle wie Janine gehabt? Vielleicht ist ihre Pein auch *Ihre* Pein? Ach, wie sehr wünsche ich mir, dass ich den Stachel aus Janines und aus Ihrem Geist entfernen könnte.

MEIN EIGENER WEG

Auch ich bin ein Mann des Zweifels. In meinem Leben gab es Zeiten, da fühlte ich mich, als würde ich mit den Fingernägeln an der Kante einer Klippe hängen. Ich habe die innere Qual des Zweifelns, ob mein Glaube überhaupt real ist, erfahren, ja, sogar als Pastor und auch als Apologet. Vielleicht fragen Sie sich: „Wie kann ein christlicher Pastor, der öffentlich den Glauben verteidigt, mit Zweifeln kämpfen? Sollten Pastoren und Apologeten nicht jenseits aller Glaubenszweifel stehen?“

In meinem Leben gab es Zeiten, da fühlte ich mich, als würde ich mit den Fingernägeln an der Kante einer Klippe hängen.

Sie können es glauben oder nicht, diese Menschen haben damit mehr zu kämpfen als Nichtpastoren und Nichtapologeten, weil es ihr Vollzeitjob ist, mit den schwierigsten Fragen zu kämpfen, die gegen das Christentum erhoben werden. Andrew Hoffecker, Professor für Kirchengeschichte am Gordon-Conwell-Seminar beschrieb es folgendermaßen: „Apologeten unterscheiden sich nicht von anderen Menschen, die unter den Auswirkungen des Sündenfalls leiden. Athleten geht die Puste aus, Schriftsteller haben Schreibblockaden, und Apologeten haben ihre Zweifel."[19]

Ich glaube, das ist der Moment, den jeder Apologet und Pastor aus ganzem Herzen mit einem „Amen" bejaht. Doch täuschen wir uns nicht, den Glauben zu verteidigen kostet etwas. Man kann auf das Christentum keine rationale Antwort geben, ohne dass man gleichzeitig mit den schwierigsten Gegenfragen konfrontiert wird. Ignorieren wir diese Fragen, sind wir naiv und können anderen Gläubigen mit ihren Zweifeln nicht mehr helfen. Als Christ ist es meine Pflicht, für den Glauben zu kämpfen und so bereichernd dies auch ist, bleibt es nicht ohne Folgen.

Mein Glaubensweg fing ganz einfach an. Ich suchte nach Antworten auf zwei Fragen: *Was ist der Sinn meines Lebens?* Und: *Wie kann ich meine Schuld loswerden?* Das Christentum lieferte mir die Antworten auf meine brennenden Fragen, besonders, weil ich vor Gott eine tiefe Schuld verspürte. Im Evangelium fand ich nicht nur das Heilmittel für meine Schuld, sondern in Jesus Christus auch den Sinn meines Lebens.

Wenn ich an die Anfangsphase meines Glaubens zurückdenke, wird mir klar, wie viel ich nicht wusste. Zum Beispiel erkannte ich nicht, dass die Kirche in über 40.000 Glaubensrichtungen gespalten war, viele mit ganz unterschiedlichen Ansichten. Ich erkannte auch nicht, dass es für fast jede christliche Lehre, die ich kennenlernte, *mindestens* drei Wege gab, diese Lehre zu betrachten und zu interpretieren. Wird Jesus *vor* der Trübsal (Prä-Tribulationismus), in der *Mitte* oder am *Ende* (Post-Tribulationismus) wiederkommen? Hat Gott das Universum in sechs Tagen erschaffen (Junge-Erde-Kreationismus), nach und nach (Progressiver Kreationismus) oder in Zeitabschnitten von tausenden von Jahren (Zeitalter-Tag-Theorie)? Starb Jesus am Kreuz, um für uns das Lösegeld zu bezahlen (Lösegeldtheorie) oder stellvertretend für uns (Substitutionslehre) oder um das Gesetz zu erfüllen (Moraltheorie)? Oder ist es eine Kombination von allen oben genannten Theorien (Kombinationstheorie)?

Das sind für viele Menschen wichtige Themen. Und obwohl einige unserer theologischen Meinungsverschiedenheiten keine Auswirkung auf die Erlösung haben, sind sie trotzdem immer noch da. Der christliche Glaube ist kein perfekt aufeinander abgestimmtes Programm. Keineswegs.

Der Glaube ist komplex.

Nervenaufreibend.

Manchmal sogar kraftraubend.

Es wäre eine Lüge zu behaupten,
dass ich nie jene Tage vermisse, als ich noch nicht einmal wusste,
welche Fragen ich stellen sollte.

Unser Glaube ist kein Glaube ohne Fragen. Doch als frisch Bekehrter war ich mir vieler dieser Fragen nicht bewusst. Ich hatte ja keine Ahnung, dass es so viele Probleme, Fragen, Einwände und so viel boshafte Bemerkungen gegen den christlichen Glauben gab. Aber das wurde mir mit der Zeit immer klarer. Und es wäre eine Lüge zu behaupten, dass ich nie jene Tage vermisse, als ich noch nicht einmal wusste, welche Fragen ich stellen sollte. Oder welche Zweifel ich hegen sollte. Wie es in einem Sprichwort heißt: „Unwissenheit ist Glück." Unwissenheit mag sich zwar wie Glück anfühlen, aber das entspricht nicht der Realität. Außerdem haben mich meine Zweifel zur Wahrheit geführt, weil ich auf schwierige Glaubensfragen ständig nach Antworten suchte.

Je mehr ich jedoch lerne, desto mehr werde ich mit meiner eigenen Endlichkeit konfrontiert. Ich werde nie alle Antworten auf alle meine Fragen bekommen, zumindest nicht im Diesseits. Ich könnte hunderte von Fragen aufzählen, auf die ich fundierte Antworten bekommen habe. Ich könnte auch unzählige Fragen aufzählen, die für mich nach wie vor ein Rätsel sind und mich verwirren. Trotzdem liebe ich den Gott, über den ich Zweifel habe. Außerdem beschränken sich Glaubenszweifel nicht nur auf den christlichen Glauben. Wir werden sehen, dass der Zweifel jede Art von Glauben und Glaubenssystemen befällt. *Der Zweifel ist nicht ausschließlich ein christliches Problem. Er ist ein menschliches Problem.* Er betrifft uns alle. Die Frage ist nur, welcher Glaube kann sich auf stichhaltige Beweise stützen? Welcher Glaube verdient das Recht, dass Menschen ihr Vertrauen in ihn setzen?

Ich werde nie alle Antworten auf alle meine Fragen bekommen, zumindest nicht im Diesseits.

In Bezug auf meine eigenen persönlichen Zweifel bin ich in zweierlei Hinsicht im Nachteil. Erstens bin ich ein Analyst. Zweitens neige ich dazu, mich zwanghaft mit etwas zu beschäftigen. Wenn man diese zwei Eigenschaften zusammenfügt, wird daraus ein zwanghafter Analyst. Das klingt nicht so gut, oder? Es bedeutet, dass ich mich ein bisschen zu intensiv mit unbeantworteten Fragen beschäftigen kann.

Manche Menschen sind zwanghaft, analysieren aber wenig. Andere wiederum analysieren gerne, beschäftigen sich aber zu wenig mit einer Sache. Ich glaube, dass die meisten Menschen, die für Zweifel am anfälligsten sind, mit beiden dieser Eigenschaften zu kämpfen haben. Wie ein doppelter Espresso geben uns unsere Zweifel manchmal doppelt so viel Energie (manchmal auch *nervöse* Energie).

Der zwanghafte Analyst möchte bei der Suche nach Antworten absolute Gewissheit erlangen. Aber dieser Anspruch ist zu hoch. Es ist undurchführbar und liegt außerhalb unserer Möglichkeiten. In unserer Endlichkeit müssen wir uns mit unbeantworteten Fragen zufriedengeben. Wir müssen uns mit einigen Geheimnissen, ja, sogar Kontroversen, abfinden.

Der christliche Glaube kann manchmal ganz schön verwirrend sein. Ich habe einmal den Philosophen Peter Kreeft sagen hören: „Wenn du nie verwirrt bist, dann bist du entweder Gott oder ein Tier, aber du bist kein Philosoph." Also werden wir weiterhin fragen und philosophieren, die Logik und unseren Verstand benutzen. Wir werden weiterhin nachdenken und grübeln. Wir werden suchen und forschen. Und wir wollen dankbar sein, dass wir einen vernünftigen Glauben haben, auch wenn es nach wie vor ein *Glaube* ist. Wir wollen die biblische Aussage beherzigen: „Der Gerechte aber wird *durch seinen Glauben* leben."[20]

Wenn wir alle Antworten wüssten, bräuchten wir den Glauben nicht. *Alle* Antworten zu haben, würde bedeuten, dass wir Gott sind, und das ist unmöglich – es gibt nur einen Gott, nur einen „Allwissenden". Und je schneller wir das erkennen, desto besser für uns. Und umso geringer ist die Gefahr, dass der Stress des Zweifels unseren Verstand und unsere Gefühle erobert.

Wenn wir alle Antworten wüssten,
bräuchten wir den Glauben nicht.

ZWEIFEL AUFLÖSEN

Ich wünschte, ich könnte Ihnen eine Geld-zurück-Garantie geben, dass Sie nach der Lektüre dieses Buches fähig sind, sich für immer von Ihren Zweifeln zu verabschieden. Oder dass Sie ein für alle Mal zu Ihren Zweifel sagen können: „Hasta la vista, Baby!" Aber ich fürchte, ganz so einfach ist es nicht. Jedenfalls für die meisten Menschen nicht. Während einige Menschen ganz sicher für immer von ihren Zweifeln befreit werden, müssen die meisten Gläubigen lernen, mit ihren Zweifeln vernünftig *umzugehen.* Sie werden lernen, wie man mit ihnen zurechtkommt, mit ihnen lebt, und, in einigen Fällen, bestimmte Zweifel ganz zum Schweigen bringt.

Ich kann Ihnen jedoch versichern, dass Sie anhand der Richtlinien, die Sie in diesem Buch kennenlernen, Ihre Zweifel verarbeiten können und, mit Gottes Gnade, fähig sein werden, ohne diese täglichen, quälenden Fragen zu leben. Es werden sich gelegentlich Zweifel an Sie heranschleichen, die zeitweise sogar ihr geistliches Leben lähmen können. Aber sie werden nicht von Dauer sein, denn Sie lernen Strategien, die wir hier zusammen untersuchen.

Als ich über Mutter Teresas 40-jährigen Kampf mit ihren Zweifeln nachdachte, fragte ich mich, ob sie den Stachel des Zweifels viel früher hätte entfernen oder zumindest das Ausmaß verringern können, wenn sie offener mit ihren Zweifeln umgegangen wäre. Vielleicht hatte sie Angst, diese Schwäche zu bekennen, da ein Bekenntnis mit Spott einhergeht und die Menschen ihr Vertrauen in diese Person verlieren. Es sollte jedoch keinen Menschen etwas kosten, wenn er aufrichtige und ernsthafte Fragen hat, die untersucht werden müssen. Die

Kirche sollte viel lieber diesen „Dialog über Glaubenszweifel" begrüßen, indem sie die Gemeinde Jesu behutsam dazu anleitet, trotz Glaubenszweifel am Glauben festzuhalten.

Der Erzbischof Perier machte Mutter Teresa in einem Brief Mut. Ich hoffe, das gilt auch für Sie:

> Geistliche Schriftsteller und Hirten des Gewissens kennen sehr gut diese Gefühle der Einsamkeit, der Verlassenheit, unerwünscht zu sein, die Dunkelheit in der Seele. Das ist von Gott so gewollt, damit wir uns nur an ihn hängen, sie sind das Gegenmittel zu unseren äußerlichen Aktivitäten und, ebenso wie die Versuchung ist es eine Möglichkeit, trotz Beifalls, Lobes, Anerkennung, etc. und Erfolges demütig zu bleiben. Das Gefühl, nichts zu sein, dass wir nichts tun können, ist echte Erkenntnis.[21]

Wir sind weder betrogen noch verlassen worden; Gott hat uns nicht allein gelassen. Ich gebe zu, manchmal sieht es so aus, als hätte er uns verlassen, ja, als sei er ganz weit weg. Aber in diesen Momenten müssen wir daran denken, dass es *eine Prüfung ist* und keine bösartige, willkürliche, sinnlose Strafe.

Wir sind weder betrogen noch verlassen worden;
Gott hat uns nicht allein gelassen.

Aber es ist eine Prüfung mit einem *Ziel*. Eine Prüfung, um unseren Glauben zu stärken, nicht um ihn zu verlieren. Diese Prüfung hilft uns, unseren Glauben zu bezeugen, nicht zu leugnen. Zweifel verschwinden oft, wenn wir uns inmitten unserer tiefsten Dunkelheit vollkommen an Gott hingeben und an unserem Glauben festhalten.

Gott sucht keine weitere Mutter Teresa. Er sucht ehrliche Gläubige, die bereit sind, durch den dunklen Tunnel des

Zweifels zu gehen ... und dabei die unsichtbare Hand der Gewissheit, der Hoffnung und des Friedens festzuhalten.

REFLEXIONEN ÜBER DEN ZWEIFEL

- Zweifel sind kein christliches Problem. Sie sind ein menschliches Problem.
- Fehlende Zweifel bedeuten nicht, dass man superfromm ist. Sie könnten bedeuten, dass man oberflächlich ist.
- Wir müssen uns den Zweifeln stellen, sonst untergraben sie unseren Glauben.

FRAGEN ZUM NACHDENKEN UND ZUR WEITEREN DISKUSSION

1. Bobby schreibt: „Der Zweifel nimmt keine Rücksicht auf Personen. Wir alle sind anfällig, sowohl der bewährte Heilige als auch der hartherzige Sünder." Warum ist das so?
2. Haben die unzähligen theologischen Standpunkte Ihren Glauben verkompliziert oder sogar dazu geführt, dass Sie sich die Schlichtheit Ihres Glaubens von früher zurückwünschen?
3. Tröstet Sie das Wissen, dass Sie mit Ihren Zweifeln nicht allein sind, sondern dass es eine lange Tradition von Zweiflern sowohl in der Bibel als auch in der gesamten Kirchengeschichte gibt?
4. Welche Art von Fragen verursachen bei Ihnen die größten Glaubenszweifel? Und wie haben Sie trotz der unbeantworteten und nicht befriedigenden Antworten Ihren Glauben lebendig gehalten?
5. Schauen Sie sich Bobbys Interview mit Os Guiness auf *The One Minute Apologist* (www.youtube.com/watch?v=gV0DXkXhUE4) an, und beantworten Sie folgende Frage: In welche Richtung führen mich meine Zweifel in der Regel, zum Glauben oder zum Unglauben?

6. Wären Sie bereit, für Ihren Pfarrer, Apologeten oder Ihnen bekannte christliche Lehrer zu beten und Gott zu bitten, diese Menschen zu beschützen und sie trotz ihrer Zweifel im Glauben wachsen zu lassen? Diese Menschen wüssten es bestimmt zu schätzen.

3.

Jesus kann mit Ihren Zweifeln umgehen

„Gott scheint von Zweifeln weniger bedroht zu sein als seine Gemeinde."
Philip Yancey

„Christus erkannte den Unterschied zwischen Zweifel und Unglauben. Zweifel bedeutet, nicht glauben zu können; Unglaube bedeutet, nicht glauben zu wollen. Zweifel ist ehrlich; Unglaube ist Eigensinn. Der Zweifel sucht nach Licht; der Unglaube gibt sich mit der Dunkelheit zufrieden. Die Liebe zur Dunkelheit anstatt zum Licht – genau das verurteilte Christus schonungslos."
Henry Drummond

Steve Jobs, der Visionär und Mitbegründer von Apple Inc. war einer der größten Unternehmer aller Zeiten. Seine technischen Erfindungen veränderten die Welt für immer. In seiner hoch gelobten Biografie *Steve Jobs* beschreibt Walter Isaacson, dass Jobs von so vielen Zweifeln geplagt wurde, bis er sich vom Christentum abwandte. In seiner Kindheit besuchte Jobs fast jeden Sonntag eine lutherische Kirche, aber alles änderte sich, als er 19 Jahre alt wurde. Isaacson beschreibt es so:

> Im Juli 1968 veröffentlichte „Life“ ein schockierendes Titelbild, auf dem hungernde Biafra-Kinder zu sehen waren. Jobs nahm es mit in die Sonntagsschule und sprach mit dem Pastor: „Wenn ich einen Finger hebe, weiß Gott dann, welchen ich hebe, bevor ich es tue?“
>
> Der Pastor antwortete: „Ja, Gott weiß alles.“
>
> Dann zeigte Jobs ihm das Titelbild und fragte: „Weiß Gott auch hierüber Bescheid und was mit den Kindern geschehen wird?“
>
> „Steve, ich weiß, du verstehst das nicht, aber ja, Gott weiß auch hierüber Bescheid.“[1]

Und das war‘s.

Keine wirkliche Antwort.

Keine Entschuldigung.

Keine Sympathie.

Keine Begründung.

Kein: „Lass uns darüber reden, junger Mann.“

Nach diesem Gespräch verließ Jobs die Kirche *für immer*. Eine banale Antwort auf seine Fragen und Zweifel führten ihn zum Unglauben. Ganz einfach so. Von diesem Moment an hatte Jobs mit dem Gott der Christenheit abgeschlossen. Später wurde er Zen-Buddhist und blieb es bis zu seinem Tode. Wie tragisch.

EIN ORT FÜR ZWEIFLER

Was war damals in Jobs‘ Gemeinde geschehen? Ganz einfach: Der Pastor konnte mit den Zweifeln des jungen Steve Jobs nicht umgehen. Vielleicht wollte er es auch nicht oder er wusste nicht, was er tun sollte. Auf jeden Fall ist der Ausgang traurig. Leider ist das in vielen Kirchen heutzutage ganz normal. Viele Zweifler ringen mit sich und fürchten, wie Aussätzige, Ausgestoßene oder Ketzer behandelt zu werden, wenn sie mit ihren Zweifeln offen umgehen.

Viele Zweifler ringen mit sich und fürchten, wie Aussätzige, Ausgestoßene oder Ketzer behandelt zu werden, wenn sie mit ihren Zweifeln offen umgehen.

Kara Powell, Mitverfasserin von *Glaube ohne Verfallsdatum* und Leiterin des *Fuller Youth Instituts* teilt uns einige erschreckende Forschungsergebnisse mit. Im Rahmen einer Untersuchung an 500 Hochschulabsolventen schreibt sie: „In unserer Untersuchung für das Buch *Glaube ohne Verfallsdatum*, das jungen Leuten helfen sollte, einen starken christlichen Glauben zu entwickeln, wurde einstimmig gesagt: Wenn junge Menschen in der Kirche – oft auch in der Grundschule oder in weiterführenden Schulen – schwierige Fragen über Gott stellten, wurde ihnen von Gemeindeleitern und Lehrern gesagt: ‚Hier stellen wir solche Fragen über Gott nicht.'"[2]

Leider sind heutzutage schwierige Fragen für viele Gemeinden eine Bedrohung. Sie haben sich nicht darauf vorbereitet, mit den Glaubenszweifeln der Menschen umzugehen. Sie werden einfach ignoriert, verachtet oder abqualifiziert. *Es ist falsch*, jemandem zu sagen, dass es falsch sei, Fragen zu stellen. Wenn das Christentum wirklich die Wahrheit besitzt, dann sollte es selbstverständlich mit den wichtigsten Fragen des Lebens umgehen können. Oder? Leider sind unvorbereitete und gleichgültige Christen nicht fähig, Menschen wie Steve Jobs und unzähligen anderen zu helfen, mit ihren Zweifeln umzugehen. Und so wenden sich viele Gläubige ab, weil sie denken, dass es keinen Ort gibt, an dem sie über ihre Zweifel sprechen können. Sie werden zu geistlich Ausgestoßenen.

Wenn das Christentum wirklich die Wahrheit besitzt, dann sollte es selbstverständlich mit den wichtigsten Fragen des Lebens umgehen können. Oder?

Vielleicht gehören auch Sie dazu. Hat man Ihnen gesagt, dass Sie nicht zweifeln dürfen? Dass Sie keine unbequemen Fragen über Gott stellen dürfen? Ist es Ihnen peinlich, zu viele Fragen zu stellen? Wenn es so ist, dann sind Sie nicht allein. Viele Zweifler sind in der gleichen traurigen Lage. Dem bekannten christlichen Autor Philip Yancey waren Zweifel nicht unbekannt. Ganz offen schreibt er über seine Zweifel, die in seiner Gemeinde nicht erwünscht waren:

> Als Kind besuchte ich eine Gemeinde, in der es wenig Raum für Neugierde gab. Wenn man zweifelte oder etwas hinterfragte, dann sündigte man. Ich lernte, dass ich mich anpassen musste. Trotzdem wurden diese Zweifel, diese tiefen Fragen nicht befriedigend beantwortet. Wenn diese Kirchengemeinde – und davon gibt es viele – sagen: „Zweifle nicht, sondern glaube nur", dann werden die Zweifel nicht wirklich gelöst. Sie tauchen irgendwann wieder auf, und zwar in einer viel giftigeren Form.[3]

Mussten auch Sie sich anpassen und durften keine unbequemen Fragen stellen?

Wurden Sie mit Ihren Zweifeln allein gelassen?

Wurden Ihre Fragen totgeschwiegen? Ignoriert? Nicht wichtig genommen? Verspottet?

Wenn ja, dann habe ich eine gute Nachricht für Sie. Vielleicht können Ihr Pastor, die Gemeinde, Ihre Freunde oder Familie nicht mit Ihren Zweifeln umgehen. Aber Sie sollten wissen:

Jesus *kann* mit Ihren Zweifeln umgehen.

Ja, Jesus. Der lang erwartete Messias und der Schöpfer des Universums.

Genau *dieser* Jesus. Und er kann nicht nur mit Ihren Zweifeln umgehen – anscheinend sind sie ihm sogar willkommen.

EIN UNERWARTETER ZWEIFLER

Nirgendwo wird dies besser geschildert als im Umgang Jesu mit Johannes dem Täufer. Johannes war – gelinde gesagt – ein merkwürdiger Kerl. Abgesehen von einer Diät, die aus Heuschrecken und Honig bestand, hatte er auch ein Problem mit der Mode. Er trug ein Gewand aus Kamelhaar, einen Ledergürtel und Sandalen. Er war bestimmt kein Fall für ein Modemagazin. Stellen Sie sich vor, ein Mensch in so einer Aufmachung würde am Sonntagmorgen Ihre Kirche besuchen. Dieser Bursche war ganz schön exzentrisch. Würde er heute leben, hätte er in Amerika wohl große Probleme, von der Kanzel aus zu predigen. Man sieht es geradezu vor sich, was bei Twitter stehen würde: „#wasistlosmitdemkerlindemkamelhaargewand?"

Trotzdem hatte sich dieser Mann 100-prozentig für Christus eingesetzt. Vom äußeren Erscheinungsbild her würde man das nicht glauben, aber Johannes hatte nur eines im Sinn – Jesus den Weg zu bereiten. Ihn zu verkünden. In der Tat war sein Lebensmotto: „[Jesus] muss wachsen, ich aber abnehmen".[4]

Aus der Wüste Judäas rief er den Menschen zu: „Tut Buße, denn das Reich der Himmel ist nahe gekommen."[5] Und wie ein großer Evangelist, der auf Jesus hinweist, erklärte er: „Siehe, das Lamm Gottes, das die Sünde der Welt wegnimmt."[6] Aber täuschen Sie sich nicht: Trotz seiner Kuriosität hatte er einen beispiellosen Lebenslauf. Hier eine kurze Beschreibung:

Positive Merkmale:

- von Geburt an ausgesondert
- Sohn eines Priesters
- Cousin Jesu
- ein von Gott ernannter Prophet
- ein Wegbereiter Jesu
- ein unerschrockener Prediger
- hatte viele Anhänger
- führte viele zur Buße
- und er taufte sogar den Messias

Ist das nicht beeindruckend?

Wie imposant diese Liste auch ist, es gab eine gewisse Schwachstelle in seinem Glauben, einen wunden Punkt in seinem Charakter. Johannes war nämlich ein *Zweifler.*

Moment mal, fragen Sie sich jetzt bestimmt. Soll das mein Ernst sein? Will ich hier etwa sagen, dass Johannes der Täufer mit Zweifeln zu kämpfen hatte?

Soll das mein Ernst sein?
Will ich hier etwa sagen, dass Johannes der Täufer
mit Zweifeln zu kämpfen hatte?

Absolut. Denn es ist einfach, mutig und zuversichtlich zu sein, wenn man in Freiheit lebt. Aber wenn Sie kurz davor stehen, den Kopf abgehackt zu bekommen, dann sieht die Sache anders aus. In so einem Moment will sich jeder vernünftige Mensch seines Glaubens sicher sein. Jeder, der kurz davor steht, in die Ewigkeit einzutreten, sollte sich einer Gewissensprüfung unterziehen. Und Johannes war da keine Ausnahme. Da er inhaftiert worden war, weil er Herodes für seine unrechtmäßige Heirat kritisiert hatte, wusste Johannes, dass er nicht mehr viel Zeit hatte. Als die Sanduhr ablief, verfiel Johannes in einen Zustand der Panik namens Z-W-E-I-F-E-L.

DIE SAAT DES ZWEIFELS

Es stellt sich die Frage: „Wie kann ein Mann, der sein ganzes Leben von Christus überzeugt gewesen war, kurz vor seinem Tod von solchen Zweifeln überwältigt werden?" Johannes wäre meiner Meinung nach der letzte Mensch der Bibel gewesen, der mit Zweifel zu kämpfen hatte. Und doch war es so. Auch wenn die Bibel uns nicht sagt, *warum* er zweifelte, gibt es doch einige Gründe für seine Glaubenskrise.

Vielleicht dachte er: „Jesus, wenn du wirklich der Messias bist, warum sitze ich dann immer noch in diesem Kerker?" Es könnte auch sein, dass Johannes von der Art des Königreichs Jesu irritiert war. Anstatt das Römische Reich zu besiegen und sein eigenes zu errichten, schien Jesus ein anderes Programm zu verfolgen. Johannes könnte auch gedacht haben: „Haben wir wirklich auf dieses Königreich gewartet und habe ich darüber gepredigt? Wenn ja, warum liege ich dann noch in Ketten?" Zu hohe Erwartungen sind oft die Ursache für Zweifel. Wir erwarten, dass Gott auf ganz bestimmte Art handelt, und wenn er es nicht tut, dann kommen Zweifel auf.

Wir erwarten, dass Gott auf ganz bestimmte Art handelt, und wenn er es nicht tut, dann kommen Zweifel auf.

Vielleicht wurden Johannes' Zweifel auch durch *Angst* ausgelöst. Denken Sie mal darüber nach. Hier ist ein Mann, der von Herodes Antipas persönlich gefangen genommen wurde. Und wer Herodes kennt, weiß, dass er nicht der Typ war, mit dem man bei einer Tasse Kaffee bei Starbucks diskutiert. Herodes war ein moralisch schwacher Führer. Sein Vater (Herodes des Große) war derjenige, der zum Zeitpunkt der Geburt Jesu alle männlichen Kinder bis zu zwei Jahren töten ließ.[7] Wie sein Vater fürchtete auch er Gott nicht. In dem Moment, als Johannes gefangen genommen wurde, wusste er, dass er ein toter Mann war. Ihm war klar, dass seine Zukunft, sagen wir mal, nicht gerade rosig aussah. Nichts lenkt unseren Blick mehr auf das Wichtigste – nämlich auf unseren Glauben – als der Gedanke an den bevorstehenden Tod. Vielleicht dachte Johannes auch: „In der Wildnis als freier Mann zu predigen, ist eine Sache, aber wenn ich als Gefangener sterben muss, dann will ich sicher sein, dass Jesus auch der ist, auf den wir warten."

Also, was machte er? Die Bibel erzählt uns in Matthäus 11 etwas über Johannes' Zweifel: „Als aber Johannes im Gefängnis die Werke des Christus hörte, sandte er durch seine Jünger und ließ ihm sagen: Bist du der Kommende, oder sollen wir auf einen anderen warten?"[8]

Spüren Sie den Zweifel?

Die Ungewissheit?

Die Verwirrung?

„Ist Jesus echt, oder habe ich 30 Jahre meines Lebens damit verschwendet, einem Märchen zu glauben? Ich muss es wissen."

Vielleicht denken Sie auch: „Was ist mit Johannes' unerschütterlichem Glauben passiert? Wo sind seine Zuversicht und Überzeugung, dass Jesus der Messias ist, geblieben?" Er hatte einst mutig erklärt: „Siehe, das Lamm Gottes, das die Sünde der Welt wegnimmt" und jetzt zittert er vor Angst und fragt sich: „Habe ich mich geirrt?"

In einem Moment glauben Sie ohne jeglichen Zweifel und im nächsten werden Sie von Zweifeln überwältigt.

Können Sie das verstehen? In einem Moment fühlen Sie sich in Ihrem Glauben himmelhoch jauchzend, im nächsten sind

Sie darüber zu Tode betrübt. In einem Moment glauben Sie ohne jeglichen Zweifel und im nächsten werden Sie von Zweifeln überwältigt. In einem Moment bezeugen Sie Ihren Glauben klar und deutlich und im nächsten sind sie beschämt und zweifeln ihn an.

Wie kann das passieren? Es ist einfach nur *menschlich*. Und gerade diese Eigenschaft macht jeden von uns anfällig für Zweifel. Johannes eingeschlossen. Nichts stellt den Glauben mehr infrage als ein wenig Angst. Angst erzeugt Panik. Oder Überempfindlichkeit. Oder Unsicherheit. Und wenn aus der Angst Zweifel werden, dann gibt es nur eine Sache, nach der sich der zweifelnde Gläubige sehnt, nämlich eine kräftige Portion Gewissheit. Etwas wie gute Trostworte. Und genau das wollte Jesus Johannes geben. Lesen Sie weiter:

> Und Jesus antwortete und sprach zu ihnen: „Gehet hin und verkündet Johannes, was ihr höret und sehet: Blinde werden sehend, und Lahme wandeln, Aussätzige werden gereinigt, und Taube hören, und Tote werden auferweckt, und Armen wird gute Botschaft verkündigt; und glückselig ist, wer irgend sich nicht an mir ärgern wird.“[9]

Als Kenner des Alten Testaments muss Johannes gewusst haben, dass diese prophezeiten Wunder nur auf den Messias zutreffen.[10] Können Sie sich die Erleichterung der Jünger des Johannes vorstellen? Schnell wollten sie diese wunderbaren Zusagen Johannes überbringen. Nachdem sie gegangen waren, sprach Jesus zu der verbliebenen Volksmenge:

> „Was seid ihr in die Wüste hinausgegangen anzuschauen? Ein Rohr, vom Wind hin und her bewegt? Oder was seid ihr hinausgegangen zu sehen? Einen Menschen, mit

weichen Kleidern bekleidet? Siehe, die weiche Kleider tragen, sind in den Häusern der Könige. Oder was seid ihr hinausgegangen zu sehen? Einen Propheten? Ja, sage ich euch, und mehr als einen Propheten. Denn dieser ist es, von dem geschrieben steht:

‚Siehe, ich sende meinen Boten vor deinem Angesicht her, der deinen Weg vor dir bereiten wird.'

Wahrlich, ich sage euch, unter den von Frauen Geborenen ist kein Größerer aufgestanden als Johannes der Täufer."[11]

Unglaublich. Ohne Zweifel schenkten Jesu Worte Johannes Gewissheit, Trost und *Erleichterung*.

Jeder ernsthafte Gläubige sollte durch diese Worte zutiefst ermutigt sein. Jesus schenkte Johannes nicht nur Gewissheit, sondern er bot ihm einen zweifachen Segen an: eine *Zusage* und eine *Bestätigung*. An dieser Stelle können wir nur staunen. Die Worte Christi hier sind spektakulär. Seine Botschaft an Johannes war nicht: „Johannes, ich weiß, dass du das nicht verstehst, aber glaube nur." Oder: „Solche Fragen stellen wir nicht, Johannes. Das solltest du wissen." Nein, stattdessen ermutigte er Johannes, indem er ihm *Beweise* vorlegte. Und nicht nur das: Jesus, der alles andere als enttäuscht war, machte Johannes das größte Kompliment für seinen irdischen Dienst: „Wahrlich, ich sage euch, unter den von Frauen Geborenen ist kein Größerer aufgestanden."

Großartig! All diese Worte als Reaktion auf *Zweifel*.

Vielleicht ist es selbstsüchtig, wenn ich froh bin, dass auch jemand wie Johannes mit Zweifel zu kämpfen hatte. Ich bin dankbar, dass ich von Männern wie ihm, die mit Zweifeln zu kämpfen hatten, lernen kann, und ich möchte ein paar kostbare Erkenntnisse weitergeben, die ich durch Johannes gewonnen habe.

ERSTENS: SEIEN SIE BEREIT, IHRE ZWEIFEL ANDEREN GEGENÜBER ZU ÄUSSERN.

Denken Sie daran, wie schwierig es für Johannes gewesen sein muss, seine Zweifel gegenüber seinen Jüngern zu äußern. Wenn Christen zweifeln, ist das eine Sache, eine andere jedoch, wenn christliche *Leiter* zweifeln. Es gibt kaum etwas Unangenehmeres; als mit einem superfrommen Menschen zusammen zu sein, der glaubt, alles über das Leben zu wissen. So war Johannes nicht. Er war zutiefst authentisch. Bis zum Ende. Und diese Authentizität machte ihn sehr verletzlich.

Denken Sie daran, wie schwierig es für Johannes gewesen sein muss, seine Zweifel gegenüber seinen Jüngern zu äußern.

Bedenken Sie: Johannes sandte seine Jünger *mit seinen Zweifeln* zu Jesus. Das nenne ich einen vertrauensvollen Leiter. Johannes zeigte viel Mut, als er seine Zweifel offenbarte, denn es stand viel auf dem Spiel.

Versuchen Sie, sich kurz in die Lage seiner Jünger zu versetzen. Sie sind Johannes schon einige Zeit nachgefolgt und er hat ihnen tausendmal gesagt, dass Jesus der Messias ist. Und jetzt bittet er sie herauszufinden, wer Jesus wirklich ist. Können Sie sich ihr Entsetzen vorstellen? Wie verwirrt, ja, sogar frustriert sie sind? Wir können nur darüber spekulieren, was in ihnen vorging, aber ich kann mir ihre Reaktion gut vorstellen: „Entschuldigung, Johannes, aber du hast uns doch schon gesagt, dass Jesus der Messias ist. Der *Eine*. Der einzig *Wahre*. Und jetzt bezweifelst du das? Ist das ein Scherz?"

Johannes war hier wirklich mutig. Als er seine Zweifel äußerte, ging er aufs Ganze. Aber welche Alternative hatte er? Die Zweifel unterdrücken? Ich frage mich, was mit ihm passiert wäre. Mit Zweifeln zu sterben, führt zu einem angsterfüllten Lebensende.

Nein, Johannes wusste, dass er Zuversicht brauchte. Er musste seine Glaubensgrundlage noch einmal überprüfen, um sicher zu sein, dass sein Glaube felsenfest war. Und das war er.

Und Sie? Haben Sie einen kleinen Kreis guter Freunde, denen Sie Ihre Zweifel anvertrauen können? Ein paar Freunde, die Ihnen nahe stehen, mit denen Sie ehrlich sein können? Eine Kirchengemeinde, die sich von Ihren Fragen nicht bedroht fühlt? Oder Eltern, die bereit sind, Ihnen zuzuhören? Und wenn es so ist, sind Sie auch bereit, sich ihnen gegenüber zu öffnen? Zu sagen: „Hallo Leute, ich könnte wirklich Hilfe gebrauchen. Ich habe mit etwas zu kämpfen. Könnt ihr mir euer Ohr leihen?" Ich ermutige Sie, es zu versuchen.

ZWEITENS: GEWÖHNEN SIE SICH AN, IHRE ZWEIFEL ZU JESUS ZU BRINGEN.

Johannes veranschaulichte dies, indem er seine Jünger zur richtigen Quelle schickte. Er sandte sie direkt zu Jesus. Er redete nicht um den heißen Brei herum.

Als Christen haben auch wir direkten Zugang zu Jesus. Vielleicht denken Sie: „Zwischen Johannes und mir ist ein großer Unterschied. Haben Sie vergessen, dass Jesus zur gleichen Zeit wie Johannes lebte? Dass er direkt ansprechbar war? Dass man ihn sehen, anfassen und hören konnte? Verstehen Sie, was ich sagen will?"

Die gute Nachricht ist: Jesus ist für uns genauso ansprechbar, wie er es für Johannes und seine Jünger war. Tatsächlich ist er sogar noch *besser* zu erreichen. Denken Sie daran: Er ist unser großer Mittler im Himmel, der unsere Gebete hört – auch heute noch. Ja, sogar jetzt.[12] Und er wird gnädig und barmherzig sein und auf unsere Nöte und Zweifel zum richtigen Zeitpunkt antworten.

Unsere Aufgabe ist es, im Gebet mit unseren Zweifeln zu ihm zu gehen. Und Beten bedeutet einfach, sich mit Gott zu unterhalten. Als der große Hohepriester des Himmels erhört Jesus Ihre Gebete. Im Gegensatz zu Johannes, der seine Jünger zu Jesus schicken musste, können wir im Gebet direkt zu ihm gehen. Er ist für uns da und bereit, zuzuhören. Die Frage ist nur, sind Sie bereit, zu sprechen?

DRITTENS: WENN SIE IHRE ZWEIFEL ZU JESUS BRINGEN, SEIEN SIE KONKRET.

Genau das tat Johannes. Seine Frage war nicht allgemein oder vage. Überhaupt nicht. Er kannte seine Zweifel sehr genau und brachte sie ganz klar zum Ausdruck. Johannes wollte wissen, ob Jesus „der Kommende" sei. Der Messias.

Finden Sie heraus, welche konkreten Zweifel Sie haben und dann bringen Sie sie im Gebet zu Jesus.

Also, mein Rat ist: Finden Sie heraus, welche konkreten Zweifel Sie haben und dann bringen Sie sie im Gebet zu Jesus. Gehen Sie zu ihm und sagen Sie: „Herr, mich quälen folgende Zweifel ... (führen Sie hier das Entsprechende auf).

Seien Sie aufrichtig und ehrlich.

Seien Sie konkret.

Zögern Sie nicht. Legen Sie Ihm voller Ernst und Respekt alles hin. Menschen, die gelernt haben, dass sie nicht zweifeln dürfen, lernen leider nicht nur, anderen Gläubigen etwas vorzutäuschen, sondern auch, Gott etwas vorzutäuschen. Und *das ist* eine Tragödie. Wenn Sie sich immer wieder vornehmen, Gott gegenüber im Gebet ehrlich und aufrichtig zu sein, dann werden Sie nicht nur weniger von Zweifeln gequält werden, sondern auch eine tiefere, innere Beziehung zu Jesus bekommen. Und es gibt nichts Besseres als eine neue vertraute Beziehung, um Ihre Zweifel zu mildern.

Leider sind viele analytisch denkende Menschen dem Gebet gegenüber oft resistent. Sie untersuchen alle ihre Fragen mithilfe der Philosophie und der Apologetik und versäumen, im Gebet Gottes Herz zu suchen. Auch wenn Literatur gut und sehr zu empfehlen ist, dürfen Sie nicht versäumen, sich *besonders* mit Ihren Zweifeln an Jesus zu wenden. Tun Sie es nicht, besteht die Gefahr, dass Sie sich den Kopf vollstopfen, während Ihr Herz leer ausgeht. Und Sie werden vor lauter Zweifel langsam verkümmern.

Zugegeben, Beten ist irgendwie geheimnisvoll. Aber ich kann nur sagen, dass der Gläubige, der Gott ehrlich im Gebet sucht, eine innere Gewissheit bekommt. Wie Gott schon zu Jeremiah sagte: „Und sucht ihr mich, so werdet ihr mich finden, ja, fragt ihr mit eurem ganzen Herzen nach mir."[13] Bringen Sie daher Ihre Zweifel im Gebet zu Jesus, und während Sie das tun, halten Sie am Glauben fest.

Der Gläubige, der Gott ehrlich im Gebet sucht,
bekommt innere Gewissheit.

Jakobus, der Halbbruder Jesu, gab uns einen guten Rat: „Wenn aber jemand von euch Weisheit mangelt, so bitte er Gott, der allen willig gibt und keine Vorwürfe macht, und sie wird ihm gegeben werden. Er bitte aber im Glauben, ohne irgend zu zweifeln; denn der Zweifler gleicht einer Meereswoge, die vom Wind bewegt und hin und her getrieben wird."[14] Er hat es auf den Punkt gebracht. Es gibt nichts, was Ihre Gefühle mehr aufwühlt als Zweifel. Wozu fordert Jakobus also auf? Im Gebet zu glauben, ohne zu zweifeln. Er sagt: „Sie können im Alltag zweifeln. Vielleicht wissen Sie nicht, was Sie tun sollen, aber wenn Sie Gott suchen, dann müssen Sie das im Glauben tun."

Bitten. Erhalten. Glauben.

VIERTENS: VERGESSEN SIE NIEMALS, DASS JESUS MIT IHREN ZWEIFELN UMGEHEN KANN.

Mir gefällt, wie Jesus auf Johannes' Zweifel reagierte. Nachdem er von seinen Jüngern gehört hatte, dass Johannes sich Sorgen machte, ob er wirklich der Messias sei, war Jesus weder enttäuscht noch verärgert. Sondern wie reagierte er?

War er schockiert?

Geriet er in Panik?

Schrieb er Johannes einfach ab?

Nein, keineswegs.

Und warum? Einfach ausgedrückt: *Weil Jesus mit unseren Zweifeln umgehen kann.* Das ist der Grund. Und das ist wunderbar.

Er weiß auch, ob unsere Zweifel aus tiefstem Herzen kommen oder nicht. Ob wir ohne Grund zweifeln, nur um des Zweifels willen, oder ob wir wirklich den Wunsch haben, uns mit unseren Zweifeln auseinanderzusetzen. Und das ist ein Unterschied. Ein *großer* sogar. Wie wir gerade gesehen haben, wusste Jesus, dass Johannes Gewissheit brauchte und genau die gab er ihm. Es war kein billiges Versprechen, sondern es waren *Beweise.* Und das ist der Schlüssel. Mein Freund und Apologet J. Warner Wallace sagt es sehr schön:

> Wenn Zweifel auftauchen, dann ist es wichtig für uns, uns die Beweise vor Augen zu führen, die uns einst zum Glauben brachten. Genau das tat auch Jesus für Johannes: Er lieferte ihm eindeutige Beweise, die Johannes halfen, „sich ein richtiges Bild zu machen" und er erinnerte Johannes an Jesu Identität. Wenn man bedenkt, was Jesus alles hätte sagen oder machen können, ist es bemerkenswert, dass Jesus anhand von Beweisen die Zweifel von Johannes milderte.[15]

Eigentlich sagte Jesus zu Johannes: „Du weißt doch alles, was über den Messias und seine Taten prophezeit wurde? Und weißt du was? Es geschieht schon. Ich tue es schon. Alles. Menschen werden geheilt, das Evangelium wird gepredigt und Menschen ändern sich. Ach, und noch was, Johannes, Ich *BIN* der Messias. Ich *BIN* der Mann. Eigentlich bin *ich mehr als nur ein Mann.*"

Egal, was Sie gelernt haben:
Jesus ist nicht wütend, wenn Sie zweifeln.

Ermutigt es Sie nicht, zu wissen, dass Jesus mit Ihren Zweifeln umgehen kann? Und gibt es jemand Besseren, dem Sie Ihre Zweifel anvertrauen könnten? Egal, was Sie gelernt haben: Jesus ist nicht wütend, wenn Sie zweifeln. Weil wir wissen, dass er unsere Zweifel ernst nimmt, sollten wir alle aufkommenden Zweifel sofort im Vertrauen zu ihm bringen.

ZU GUTER LETZT: SIE KÖNNEN SICHER SEIN, DASS ZWEIFLER FÜR JESUS WERTVOLL SIND.

Zweifel können uns schnell überwältigen. Zweifel können irrationale Gedanken und Gefühle hervorrufen und besonders Stress erzeugen. Aber es ist gut zu wissen, dass Jesus weiß, was hinter unseren Zweifeln steckt. Obwohl Johannes an Jesus zweifelte, war Johannes ihm trotzdem wertvoll.

Als die Jünger weggingen, machte Jesus eine Aussage über Johannes. Vielleicht dachten alle: „Dieser Kerl ist nicht echt. Er ist wankelmütig. Zu nichts gut. Nur leeres Gerede." Jesus nahm sich Zeit, um Johannes öffentlich zu bezeugen. Eigentlich sagte er: „Hört mal her. Johannes ist nicht irgendein Prophet, der sich auf jede neue Lehre einlässt. Nein, er ist echt und wahrhaftig." Jesus bestätigt mit seiner Aussage, dass Johannes kein „Rohr ist, das vom Winde hin und her bewegt wird."[16]

Dann sagte Jesus etwas Unglaubliches: „Wahrlich, ich sage euch, unter den von Frauen Geborenen ist *kein Größerer* aufgestanden als Johannes der Täufer; der Kleinste aber im Reich der Himmel ist größer als er."[17]

Denken Sie mal darüber nach. Jesus antwortet auf Johannes' Zweifel doch tatsächlich: „Kein Größerer ist aufgestanden ..." Gary Habermas schreibt dazu: „Wir sollten uns davor hüten, die Zweifel von Johannes dem Täufer als Unglauben zu bezeichnen, sonst würden wir unserem Herrn widersprechen, dass Johannes einer der gottgefälligsten Menschen war."[18]

Jesus sagt, dass es gut ist,
trotz aller Zweifel am *Glauben festzuhalten*.

Sogar die Frommsten unter uns können also von Zweifel befallen werden. Jesus heißt Zweifel zwar nicht gut, aber er erklärt, dass es gut ist, trotz aller Zweifel am *Glauben festzuhalten*. Er erklärte auch, dass Johannes trotz seiner Zweifel ein wertvoller Mensch war.

Ich weiß nicht, wie es Ihnen geht, aber ich denke, es ist gut zu wissen, dass Jesus Zweifler liebt und wertschätzt. Nicht nur das: Er liebt und schätzt Sie und mich.

EIN LOHNENSWERTER GEDANKE

Nachdem Kara Powell über Steve Jobs und seinem Ausstieg aus der Kirche nachgedacht hatte, schreibt sie:

> Ich frage mich oft, was passiert wäre, wenn der Pastor sich den Zweifeln von Steve Jobs angenommen hätte. Was wäre geschehen, wenn der Pastor geantwortet hätte: „Steve, das ist eine gute Frage. Ich habe keine Antwort darauf, aber ich würde mich gerne noch mal mit dir treffen, damit wir zusammen die Bibel studieren und versuchen, gemeinsam

ein Antwort darauf zu finden." Wäre unsere Welt vielleicht ein besserer Ort, wenn Jobs seine unternehmerische Energie nicht nur auf den technischen Sektor gelenkt hätte, sondern auch auf die Verkündigung des Evangeliums?[19]

Das werden wir wahrscheinlich niemals erfahren, aber es ist einen Gedanken wert. Ich glaube, dass die Kirche viel von Jesus und seinem Umgang mit geplagten Zweiflern lernen kann. Es ist traurig, dass vielen Menschen beigebracht wurde: „Stell Gott niemals infrage." Diese falsche Lehre hat unzählige hoffnungslose Zweifler hervorgebracht. Und viele von ihnen sind heimliche Zweifler. Der Grund dafür ist: „Wenn ich weder in der Gemeinde noch mit Gott über meine Zweifel sprechen darf, was soll ich dann tun?"

Die Kirche kann viel von Jesus und seinem Umgang mit geplagten Zweiflern lernen.

Sie können Folgendes tun: *Gehen Sie zu Jesus.* So einfach ist das. Das nächste Mal, wenn Sie von Zweifeln gequält werden, bringen Sie Ihre Zweifel zu Jesus. Er kann damit umgehen. Wann immer Sie in Ihrem Leben mit Zweifeln zu kämpfen haben, denken Sie an Jesu Worte an Johannes den Täufer. Suchen Sie nach den Beweisen, die Sie brauchen. Und dann denken Sie nicht nur an seine Worte, wer er ist, sondern auch, was Sie für ihn sind.

Halten Sie trotz aller Zweifel an Jesus fest.

REFLEXIONEN ÜBER DEN ZWEIFEL

- Wenn der christliche Glaube wirklich wahr ist, dann kann er auch die größten und besonders schwierigen Fragen des Lebens verkraften.

- Vielleicht können Ihr Pastor, Ihre Gemeinde oder Familie nicht mit Ihren Zweifeln umgehen, aber seien Sie sicher: Jesus kann es.
- Nichts kann Ihre Zweifel schneller lindern als eine erneuerte Beziehung zu Jesus.

FRAGEN ZUM NACHDENKEN UND ZUR WEITEREN DISKUSSION

1. Ist Ihnen in diesem Kapitel etwas besonders wichtig geworden?
2. Haben Sie schon mal eine ähnliche Geschichte wie die über Steve Jobs gehört? Oder haben Sie eine ähnliche Erfahrung gemacht? Hat man Sie abgewiesen, wurden Sie getadelt oder hat man nur geschwiegen?
3. Wie konnte es in der Gemeinde so weit kommen, dass Zweiflern nicht geholfen wurde, mit ihren Zweifeln umzugehen, geschweige denn darüber zu diskutieren?
4. Was können wir von Jesus lernen, wie man mit den Zweifeln anderer umgeht?
5. Es macht einen Unterschied, ob man zweifelt um des Zweifelns willen und oder ob man zweifelt, weil man aus tiefstem Herzen eine Antwort sucht. Was ist Ihrer Meinung nach der Unterschied und warum ist es so wichtig, nicht einfach nur um des Zweifels willen zu zweifeln?
6. Was müsste die Gemeinde besser machen, um sagen zu können: „Nicht nur Jesus, auch unsere Kirchengemeinde kann mit Zweifeln umgehen“? Das heißt nicht, dass wir auf alle Fragen eine Antwort haben. Aber es bedeutet, dass wir uns bemühen, aufrichtigen und echten Zweiflern zu helfen, trotz aller Zweifel am Glauben festzuhalten.

4.

Auslöser der Zweifel: Teil 1

„Die Fähigkeit, auf Zweifel eine Antwort geben zu können, hängt größtenteils von der Fähigkeit ab, Zweifel infrage zu stellen."
Os Guiness

„Zweifeln ist kein angenehmer Zustand, Gewissheit jedoch absurd."
Voltaire

Haben Sie schon mal etwas von Hermann Samuel Reimarus gehört? Reimarus war ein bekannter deutscher Philosoph des 18. Jahrhunderts, dessen christlicher Glaube wegen einer Flut von Zweifeln nicht zur Ruhe kam. Alle seine Zweifel schrieb er einzeln nieder. Daraus entstand eine 4000-seitige kritische Abhandlung der Bibel mit dem Titel *Fragmente*. Obwohl er sein Werk niemals veröffentlichte, offenbarte Reimarus seine Zweifel gegenüber einigen engen Freunden und zwei seiner Kinder.

Als sein gewaltiges Werk nach seinem Tod veröffentlicht wurde, löste es ziemlichen Tumult aus. Reimarus stellte die Bibel hinsichtlich aller übernatürlichen Dinge infrage, insbesondere Themen wie die Offenbarung, Wunder, die Göttlichkeit

Jesu und vor allem die Auferstehung Christi. Er kam zu dem Ergebnis, dass Jesus ein verblendeter Mensch mit Visionen seiner messianischen Erhabenheit gewesen sei, die scheinbar niemals erfüllt wurden. Außerdem schlussfolgerte er, dass das Christentum nichts anderes als ein Schwindel sei. Eine hoffnungslose Erfindung.[1]

Reimarus' Zweifel lösten einen Dominoeffekt aus,
der seinem christlichen Glauben jegliches Leben nahm.

Reimarus ist das klassische Beispiel für einen Christen, der solang zweifelte, bis er nicht mehr glauben konnte. Seine Zweifel lösten einen Dominoeffekt aus, der seinem christlichen Glauben jegliches Leben nahm. Zum Glück gibt es aber ebenso viele neugierige Menschen, die von den gleichen Fragen gequält werden, aber zu einem anderen Ergebnis kommen – ihr Glaube wird tiefer und Gottes Wort gibt ihnen Kraft und Ermutigung. Der von seinen Zweifeln geplagte Reimarus musste alles zwanghaft analysieren. Der Apologet Alister McGrath schreibt: „Der Zweifel ist wie ein Kind, das Aufmerksamkeit auf sich ziehen will: Schenkst du ihm Aufmerksamkeit, dann will es noch mehr. Das ist ein Teufelskreis, dem man schwer entkommen kann. Wenn wir unsere Zweifel nähren, dann wachsen sie."[2] McGrath empfiehlt, auf keinen Fall intellektuellen Selbstmord zu begehen. Er schlägt vielmehr den richtigen Umgang mit Zweifeln vor.[3]

Jeder Zweifler muss sich fragen:
„Was steckt hinter meinen Zweifeln?"

Jeder von uns muss die Auslöser seiner Zweifel herausfinden, ohne sich von ihnen vernichten zu lassen. Wir müssen in die Tiefe gehen und diese Auslöser untersuchen. Dieses

Thema ist so wichtig, dass ich die folgenden zwei Kapitel der Erforschung dieser verschiedenen Auslöser des Zweifelns gewidmet habe. Allerdings ist die Liste bei Weitem nicht vollständig. Jeder Zweifler muss sich fragen: „Was steckt hinter meinen Zweifeln?" Was ist die Ursache? Die Wurzel? Der Auslöser? Wie jede Krankheit hat auch der Zweifel eine anfängliche Ursache. Schauen wir uns die ersten drei Auslöser der Glaubenszweifel an.

AUSLÖSER 1: SCHEINBAR ABSURDE GESCHICHTEN

Wir Christen sprechen manchmal über viele merkwürdige Dinge, die andere Menschen, wie die Mormonen, Wiccas, Hindus oder Zeugen Jehovas, glauben. Aber wir Christen glauben auch an ziemlich absurde Geschichten, oder? Ich meine damit Bibelgeschichten, die sich für den modernen Menschen ziemlich skurril anhören. Und die Bibel ist voll von solchen Geschichten, die uns Kopfzerbrechen machen:

- Noah und die Sintflut[4]
- Die Teilung des Roten Meeres[5]
- Manna, das vom Himmel regnet[6]
- Der Fall Jerichos[7]
- Schadrach, Meschach und Abed-Nego im brennenden Feuerofen; weder ihr Haar noch ihre Kleider verbrennen[8]
- Daniel in der Löwengrube[9]
- Bileam und sein sprechender Esel.[10] (Ist das nicht „skurril"?)
- Hesekiel, der sich 390 Tage lang auf die linke Seite legen soll als Zeichen, dass er Israels Schuld trägt. Dann legt er sich 40 Tage lang auf die rechte Seite, um die Schuld des Hauses Juda zu tragen.[11] (Ist hier jemand Chiropraktiker?)
- Simson, der mit einem Eselskinnbacken 1000 Philister erschlägt[12] oder David, der den Riesen Goliath erschlägt[13] oder Jona, der von einem riesigen Fisch verschluckt wird[14]

oder die Feuerzungen, die an Pfingsten vom Himmel fallen.[15]

Alle diese Beispiele zeigen, dass auch die Bibel voller absurder Geschichten ist. Und wir kratzen hier nur an der Oberfläche. Ganz ehrlich.

Vielleicht kann man das Thema der Absurdität am besten anhand der Geschichte von Sara nachvollziehen, die im reifen Alter von 90 Jahren Isaak gebar. (Ja, Sie lesen richtig.) Selbst Sarah war sich dieser Absurdität bewusst und sagte: „Gott hat mir ein Lachen bereitet; jeder, der es hört, wird mir zulachen."[16] Das heißt, sie würden vor lauter Staunen lachen.

Obwohl diese Geschichten merkwürdig sind, gibt es doch Erklärungen dafür. Es gibt archäologische Funde wie im Fall Jericho sowie unzählige Hinweise in der antiken Geschichtsschreibung auf eine große Flut; manchmal tut Gott auch einfach etwas Außergewöhnliches, um seine einzigartigen Ziele zu erreichen. All dies sind zuverlässige und zufriedenstellende Antworten, die Ihnen helfen, trotz aller Zweifel am Glauben festzuhalten. Trotzdem könnte auf dem Buchdeckel Ihrer Bibel ohne Weiteres stehen: „Setzt etwas Glauben voraus."

Diese biblischen Geschichten hören sich für den Leser des 21. Jahrhunderts sehr merkwürdig an. Wir müssen sie immer unter Berücksichtigung der damaligen kulturellen Begebenheiten und im Zusammenhang mit den Glaubensüberzeugungen der damaligen Gesellschaft lesen. Und so begegnet Gott auch uns – in unserer Zeit. Auf unserem Gebiet. In unserem *Gesamtkontext*. Ohne dieses Verständnis öffnen wir den Glaubenszweifeln unweigerlich die Türen.[17]

Ich hörte einst, dass Larry King, der langjährige Moderator von *Larry King Live*, sich weigerte, der Bibel zu glauben, weil er nicht verstehen könne, wie Gott von Abraham verlangen konnte, seinen Sohn Isaak zu opfern.[18] Laut King könne nur ein barbarischer Gott so etwas fordern. Kann man ihm das verdenken? Was würden Sie denken, wenn Ihnen jemand sagen würde, Sie sollten Ihren Sohn oder Ihre Tochter opfern? Wie können wir überhaupt einen Gott lieben, der solch einen Befehl ausspricht?

Wir müssen uns in das damalige Umfeld hineinversetzen und die Bibel vor dem Hintergrund ihrer Zeit verstehen.

Wissen Sie noch, was ich gesagt habe? Wir dürfen alte Texte nicht einfach auf das 21. Jahrhundert übertragen. Wir müssen uns in das damalige Umfeld hineinversetzen und die Bibel vor dem Hintergrund ihrer Zeit verstehen. Könnte dieses Wissen Licht in die Geschichte bringen und vielleicht Kings Unglauben schmälern? Oder sogar Ihren? Wenn Larry King nicht so schnell geurteilt und sich vielmehr in die damalige Zeit mit ihren Traditionen und Lebensverhältnissen zurückversetzt hätte, hätte er besser verstanden, wie Gott trotz dieser *scheinbar absurden Geschichte* durch Abraham wirkte.

Abraham hatte den Befehl erhalten, die Stadt Ur der Chaldäer in Südmesopotamien zu verlassen. Kindesopferungen als Zeichen des Glaubens waren ihm ziemlich vertraut. Außerdem hörte er, nachdem er Ur verlassen hatte, auch im alten Kanaan von Kindesopferungen. Natürlich ist das keine Rechtfertigung dafür, Kinder zu opfern. Überhaupt nicht. Es hilft uns nur, alles mit den Augen Abrahams zu sehen.

Mit diesem Wissen sollten wir uns fragen: „Ist es möglich, dass Abraham dies als Gelegenheit nahm, um Gott zu zeigen, dass er ihm absolut vertraute?“ Wenn wir außerdem noch einige Erkenntnisse aus dem Neuen Testament hinzuziehen, erkennen wir schnell, dass Abraham davon überzeugt war, dass Gott Isaak *buchstäblich* von den Toten auferwecken könnte, auch *wenn er ihn opfern würde*. Zur Erinnerung: Abraham glaubte, dass Isaak das Kind war, das Gott ihm und Sarah verheißen hatte. In der Vergangenheit führten Abrahams Zweifel ihn zum *Unglauben*, als er mit Hagar (einem Dienstmädchen) seinen Backup-Plan durchführte, um das verheißene Kind zu zeugen. Aber nachdem er seine Lektion gelernt hatte, hielt er trotz seiner Zweifel am *Glauben* fest. Er glaubte, dass Gottes Befehl nur eine Prüfung sei. Der Autor des Hebräerbriefes beschrieb es so:

> Durch Glauben hat Abraham, als er geprüft wurde, den Isaak dargebracht, und er, der die Verheißungen empfangen hatte, brachte den einzigen Sohn dar, über den gesagt worden war: ‚In Isaak soll deine Nachkommenschaft genannt werden', indem er dachte, dass Gott auch aus den Toten erwecken könne, von woher er ihn auch im Gleichnis empfing.[19]

Jetzt wollen wir versuchen, diesem scheinbaren Unsinn einen Sinn zu geben. Aus Abrahams Sicht ging der Befehl, Isaak zu opfern, nicht von einem brutalen Gott aus. Gott bediente sich eines alten Glaubens, um Abraham eine wichtige Lektion in Vertrauen zu lehren. Als wahrer Gott wollte er Abraham zeigen, dass er nicht wie die anderen sogenannten Götter handelte. Und ebenso erwartet er auch nicht von seinen Nachfolgern, dass sie ihm ihre Kinder opfern. Für Gott war diese Prüfung eine Gelegenheit, sich von den irrigen Glaubensüberzeugungen der herrschenden Gesellschaft zur Zeit Abrahams abzuheben, die solche schrecklichen Gräueltaten begingen. Außerdem, so erklärt es der Autor des Hebräerbriefes, hatte dieser Test symbolischen Charakter, denn er wies auf das letzte Opfer Jesu Christi hin. Gott sagte: „Ich stelle das Opfer bereit."

Aufgrund dieser kleinen Analyse sehen wir, dass Gott in diesem Punkt mit Larry King übereinstimmt. Auch er verachtet

Kinderopfer. Im Laufe der Zeit würde nicht nur das mosaische Gesetz Kinderopfer verurteilen, sondern Gott würde sogar auch die Kanaaniter für diese Grausamkeit richten.

Sehen Sie jetzt, wie wichtig es für uns ist, den Zusammenhang zu verstehen, bevor man diese scheinbar merkwürdigen Bibelgeschichten übereilt ablehnt? Ich denke, dass Abraham zu seinen Kritikern sagen würde: „Versetzt euch mal in meine Lage und versucht zu verstehen, dass das scheinbar Absurde für uns in unserer Zeit Sinn machte."

Auch wenn es hilfreich ist, der Absurdität einen Sinn zu geben, bittet Gott uns manchmal um Dinge, die scheinbar unsinnig sind und für die es keine ausreichend historisch-kulturelle Erklärung gibt. Während wir in der Geschichte über Abraham und der Kinderopferung eine zusammenhangsbezogene Erklärung liefern können, können wir das Wunder nicht erklären, dass Sarah im Alter von 90 Jahren Isaak gebar. Wir müssen einfach nur darauf vertrauen, dass Gott Leben schenkt und dies ungeachtet des Alters tun kann. Auch wenn es lächerlich scheint, ist es für einen allmächtigen Gott sicherlich nicht unmöglich.

Was auf den ersten Blick unsinnig erscheint,
stellt sich im Nachhinein oft nicht nur als Stärkung
unseres Glaubens heraus, sondern zeigt auch,
dass Gott uns auf besondere Weise gebraucht hat.

Diese scheinbar lächerlichen Geschichten ziehen sich durch die ganze Bibel, wenn Gott nämlich sein Volk immer wieder auffordert, seinen scheinbar absurden Befehlen zu gehorchen. Was auf den ersten Blick unsinnig erscheint, stellt sich im Nachhinein oft nicht nur als Stärkung unseres Glaubens heraus, sondern zeigt auch, dass Gott uns auf besondere Weise gebraucht hat.

AUSLÖSER 2: DIE FORDERUNG NACH SICHERHEIT

Ein weiterer Auslöser der Zweifel ist, wenn wir in allen Fragen des Glaubens 100-prozentige Sicherheit verlangen. Dieses Buch würde Ihnen einen schlechten Dienst erweisen, wenn es den Eindruck hinterließe, dass das Christentum auf *jedes* intellektuelle Problem eine Antwort hat, mit dem wir konfrontiert werden.

Das kann es nicht und dazu ist es auch nicht gedacht. Denken Sie bitte einmal darüber nach. Wenn absolute Sicherheit eine Voraussetzung für den Glauben wäre, dann würden Sie niemals an etwas glauben. Bevor der Glaube überhaupt möglich wäre, müssten Sie eine aufwändige, hieb- und stichfeste Studie durchführen, um die Wahrheit des christlichen Glaubens – und zwar ohne jeden Zweifel – zu beweisen.

Aber wer könnte das schon? Niemand. Sie müssten ... *Gott* sein. Wir müssten alle unseren Glauben unterdrücken, bis wir alle umfassenden Studien zum christlichen Glauben abgeschlossen hätten. Und das würde mindestens ein Leben lang dauern. Solch eine Aufgabe ist für endliche Wesen nicht nur unvernünftig, sondern auch unmöglich. Wenn Sie im Diesseits Sicherheit bekommen würden, dann wäre der Glaube unnötig. Der Glaube ist der beste Freund des begrenzten menschlichen Verstandes.

Wenn Sie im Diesseits Sicherheit bekommen würden, dann wäre der Glaube unnötig.

Hier nun ein Gedanke zum Grübeln: *Da es keine absolute Sicherheit gibt, wird immer Raum für Zweifel bleiben.* Und das trifft nicht nur auf Christen zu, sondern auf jeden Menschen.

Niemand, egal, welchen Glaubens, kann seinen oder ihren Glauben 100-prozentig beweisen. Man braucht auch keine 100-prozentige Sicherheit, um an etwas glauben zu können oder um ausreichende Gewissheit zu haben, dass das, was Sie glauben, wahr und glaubwürdig ist.

Ich glaube meiner Frau, wenn sie mir ihre Treue verspricht.

Ich glaube meinen Freunden, wenn sie sagen: Ich sage dir die Wahrheit.

Ich glaube, dass die rote Ampel bald auf grün schaltet.

Ich glaube, dass meine Regierung morgen noch funktioniert.

Ich glaube, dass es heute Nacht dunkel wird. Ich wette, Sie glauben das auch.

Es gibt für *keines* dieser Beispiele eine 100-prozentige Garantie, da es mögliche Szenarien gibt, die dies verhindern könnten. Und trotzdem glaube ich weiter jeden Tag daran. Ich brauche keine absolute Sicherheit, um all dies zu glauben. Aber ein gewisses Maß an *Glauben.*

Lassen Sie also nicht zu, dass andere Ihren Glauben in diesem Punkt angreifen, wenn Sie den Spieß herumdrehen können. Niemand kann sich zu 100 Prozent sicher sein. Weder der Wissenschaftler noch der Moslem noch der eifrigste Scientologe. Niemand.

Alister McGrath schreibt:

> Jede offensichtlich wahre Aussage, die jenseits der Logik liegt, wird immer ein Element des Zweifels haben. Der christliche Glaube ist davon nicht ausgeschlossen: Sowohl der Atheist als auch der Marxist wird mit dem gleichen Dilemma konfrontiert. Jeder, der über den Sinn des Lebens sprechen will, muss Aussagen machen, die auf Glauben basieren und nicht auf Sicherheit. Auf jeden Fall ist Gott keine These – er ist eine Person.[20]

Gut ausgedrückt, Alister.

Sicherheit fühlen und sich sicher sein

Vielleicht erheben Sie den Einspruch: „Bobby, ich fühle zu 100 Prozent, dass der christliche Glaube wahr ist.“ Und ich würde hinzufügen: Wir dürfen nicht verwechseln, ob wir Sicherheit *fühlen* oder ob wir uns sicher *sind*. Das ist ein Unterschied. Mormonen habe auch das Gefühl, dass ihr Glaube wahr ist, so wie die Moslems, die Atheisten und viele andere. Sicherheit fühlen und sich sicher sein, ist nicht unbedingt das Gleiche.

Wir dürfen nicht verwechseln, ob wir Sicherheit *fühlen* oder ob wir uns sicher *sind*.

Wir alle wissen, dass man Gefühlen nicht trauen kann. Einmal hat man das Gefühl, voller Freude Loblieder singen zu wollen und am nächsten Tag haben Sie das Gefühl, im Sumpf ihrer Zweifel zu versinken. Viele Leute, die sagen: „Ich weiß mit 100-prozentiger Sicherheit, dass mein Glaube wahr ist“, haben nicht viel über den Glauben nachgedacht. Ihre naive Glückseligkeit schützt sie vor dem Angriff der Glaubenszweifel. Aber wenn man anfängt, ihre oberflächlichen Behauptungen dieser eigenen Sicherheit zu hinterfragen, werden sie schnell mit ihrer eigenen Endlichkeit konfrontiert.

Aber auch diejenigen, die *fühlen*, dass der christliche Glaube 100-prozentig wahr ist, können dies nicht zu 100 Prozent beweisen. Wir erweisen der Kirche keinen guten Dienst, wenn wir so tun, als könnten wir es. Ganz zu schweigen davon, dass wir Neubekehrte einer zukünftigen Glaubenskrise aussetzen, wenn sie merken, dass unser Glaube doch nicht so fest ist, wie es ihnen am Anfang erschien. Wir müssen auf jeden Fall zwei Extreme vermeiden. Das eine Extrem wird durch den Philosophen Renè Descartes veranschaulicht, der absolute Sicherheit suchte, indem er alles anzweifelte, und das andere Extrem sind diejenigen, die nichts anzweifeln, weil sie in ihrer *scheinbaren*

Sicherheit nicht gestört werden wollen. Keins von beiden ist sehr hilfreich.

Der Philosoph J. P. Moreland schreibt:

> Wenn man an etwas glaubt, bedeutet das nicht, dass man sich absolut *sicher ist*, dass es wahr ist. Es bedeutet vielmehr, dass man zu mehr als 50 Prozent davon überzeugt ist, dass dieser Glaube wahr ist ... Je mehr Gewissheit man in seinem Glauben hat, desto mehr wird er zum Teil der eigenen Seele und desto mehr ist dieser Glaube Grundlage für unsere Handlungen.[21]

Einer meiner Freunde, ein bekannter Theologe, hat einmal gesagt: „Ich bin mir zu 80 Prozent sicher, dass der christliche Glaube wahr ist." Daraufhin dachte ich: *Junge, Junge, das ist aber nicht sehr ermutigend.* Aber eigentlich meinte er: „Ich habe meine Zweifel. Ich kann mir nicht zu 100 Prozent sicher sein, aber bis dahin halte ich trotz meiner Zweifel am Glauben fest." Ich weiß, dass mein Freund den Herrn aufrichtig liebt. Er liebt jenen Gott, den er manchmal anzweifelt. Er ist nun mal extrem analytisch veranlagt und sieht Einzelheiten, die die meisten Menschen niemals sehen (oder denen diese Dinge eigentlich egal sind).

Eine Lektion in Endlichkeit

Als ich vor ein paar Jahren in meinem Garten saß und über meinen Glauben nachdachte, begann ich mir Gedanken über mein Zierpflaumen-Bäumchen zu machen. Fragen kamen mir in den Sinn wie: Wie tief reichen die Wurzeln? Wieviel Wasser braucht der Baum, um gesund zu bleiben? Wie groß wird der Baum werden? Wie viele Blätter kann er auf einmal tragen? Wie viele Blätter würden bei einem Sturm mit Windgeschwindigkeit von 50 Meilen pro Stunde abfallen? Wie weit würden die Blätter fliegen? Wie viele Menschen haben sich in der Baumschule um die Aufzucht dieses Baumes gekümmert? Wer waren diese Menschen? Wie viel Wasser braucht dieser ausgewachsene Baum jetzt? Während ich diesen Baum anstarrte, brütete ich über alle diese Fragen.

Mittlerweile denken Sie bestimmt: *Bin ich froh, dass ich nicht in diesem Kopf stecke.* Manchmal wünsche ich mir das auch. Als ich aber mit dem Grübeln fertig war, kam ich zu folgendem Ergebnis: Wenn ich nicht über alle Details meines Zierpflaumen-Bäumchen 100-prozentige Sicherheit haben kann, wie kann ich dann 100-prozentige Sicherheit über meinen Gott und den christlichen Glauben erwarten? Es war eine demütigende Lektion über meine eigene Endlichkeit, als ich erkannte: „Ich kann nicht einmal die Tiefen meines Pflaumenbäumchens ergründen."

Glücklicherweise war absolute Sicherheit noch nie Voraussetzung für den Glauben an Christus. Vertrauen ist es.[22] Kein blindes Vertrauen, sondern ein beweiskräftiges, vernünftiges, aufgeklärtes Vertrauen. Aber nach wie vor Vertrauen.

Jeder glaubt im Vertrauen

In Bezug auf absolute Sicherheit haben wir alle mit dem gleichen Dilemma zu kämpfen. Wir alle setzen irgendwie unser Vertrauen auf eine geliehene Gelehrsamkeit. Der französische Politiker Alexis de Tocqueville schrieb einst: „Es gibt keinen noch so bekannten Philosophen, der nicht an Millionen Dinge glaubt, die nur *auf dem Glauben* anderer Menschen basieren und er akzeptiert weit mehr Wahrheiten, als er überhaupt beweisen kann."[23]

Jetzt wissen Sie es. *Keiner* von uns kann absolute Sicherheit haben, auch nicht der Klügste unter uns. Manchmal habe ich mir ein Aquarium gewünscht, das alle Erkenntnisse enthält. Einen Gott, der in einem himmlischen Wassertank residiert und uns alle Erkenntnisse schenkt, wenn wir nur hochschauen. Uns gefällt es vielleicht nicht, endliche Wesen zu sein, aber je schneller wir erkennen, dass wir weder Gott sind – noch je dazu bestimmt waren – desto schneller überwinden wir das Problem, 100-prozentige Sicherheit für unseren Glauben haben zu wollen.

Gewissheit versus Sicherheit

Vielleicht sind Sie jetzt ein wenig entmutigt, aber das brauchen Sie nicht. Fehlende Sicherheit bedeutet nicht, dass Sie jetzt ihr ganzes Leben lang Ihren Glauben anzweifeln müssen. Bauen Sie Ihre Ängste ab, indem Sie den Unterschied zwischen *Sicherheit* und *Gewissheit* erkennen. Als Christen erhalten wir ein großes Maß an Gewissheit durch das Zeugnis des Heiligen Geistes. Und diese Gewissheit kann sich wie Sicherheit *anfühlen*.

Paulus erinnert uns daran, dass Gott uns „versiegelt und die Anzahlung des Geistes in unsere Herzen gegeben hat".[24] Außerdem schreibt Paulus in seinem Brief an die Römer: „Der Geist selbst bezeugt zusammen mit unserem Geist, dass wir Kinder Gottes sind."[25] Paulus erlebte diese Gewissheit auf intuitive *und* intellektuelle Weise, als er schrieb: „Aber ich schäme mich nicht, denn ich *weiß*, wem ich geglaubt habe, und ich bin überzeugt, dass er mächtig ist, mein anvertrautes Gut bis auf jenen Tag zu bewahren."[26] Auch Johannes der Apostel hatte diese Glaubensgewissheit und schrieb im 1. Johannesbrief: „Dies habe ich euch geschrieben, damit ihr *wisst*, dass ihr ewiges Leben habt, die ihr an den Namen des Sohnes Gottes glaubt."[27]

Heilsgewissheit ist das Werk des Heiligen Geistes,
und diese Gewissheit kann Sie trösten,
wenn Sie mit mangelnder Sicherheit zu kämpfen haben.

Tut das nicht gut? Seien Sie also nicht entmutigt. Lernen Sie, zwischen Sicherheit und Gewissheit zu unterscheiden. Das wird Ihnen enorm viel helfen. Heilsgewissheit ist das Werk des Heiligen Geistes, und diese Gewissheit kann Sie trösten, wenn Sie mit mangelnder Sicherheit zu kämpfen haben. Darüber hinaus wird diese Glaubensgewissheit Ihnen helfen, das Evangelium mutig zu verkünden, im Glauben Zuversicht zu haben und Gott stärker zu lieben. Seien Sie also mutig – auch wenn Sie keine absolute Sicherheit haben, können Sie Gewissheit haben. Und darüber lohnt es sich nachzudenken.

Beweise versus Sicherheit

Das Fehlen absoluter Beweise und der 100-prozentigen Sicherheit bedeutet jedoch nicht, dass es überhaupt keine Beweise gibt.[28] Keineswegs. Der christliche Glaube ist ein vernünftiger Glaube. Jedes Glaubenssystem hat seine Fragen, aber sobald Beweise zum Tragen kommen, liefert der christliche Glaube im Großen und Ganzen die besten Antworten und führt somit zu einem höheren Maß an Sicherheit. Das Christentum gibt auf die großen Fragen des Lebens, woher wir kommen, wozu wir hier sind und was unser Schicksal ist, glaubhaftere Antworten als jedes andere Glaubenssystem. Letztendlich überwindet der christliche Glaube am besten die Zweifel, weil er die stärksten Argumente für die Existenz Gottes liefert.

Wenn Zweifel zur Gottesanbetung führen

Jetzt sollten wir lieber anfangen, unsere Endlichkeit zu akzeptieren, anstatt nach Allwissenheit zu suchen. Denn dann werden wir uns zutiefst an dem Gott erfreuen, der allwissend und ewig ist, und den wir kennenlernen dürfen. Anstatt uns auf unseren Mangel zu konzentrieren, sollten wir auf den unendlichen und allwissenden Gott blicken. Sehen Sie den Unterschied? Das eine macht Angst, während das andere uns in Ehrfurcht und Staunen versetzt.

Wenn wir ein Leben ohne Zweifel haben wollen, dann lassen wir uns keinen Raum, um Gott durch Glauben zu erfreuen. Die Bibel erinnert uns daran: „Ohne Glauben aber ist es unmöglich, ihm wohlzugefallen; denn wer Gott naht, muss glauben, dass er ist und denen, die ihn suchen, ein Belohner sein wird."[29]

Wenn wir ein Leben ohne Zweifel haben wollen, dann lassen wir uns keinen Raum, um Gott durch Glauben zu erfreuen.

Denken Sie über Folgendes nach: Was würde passieren, wenn wir den christlichen Glauben zu 100 Prozent beweisen könnten? Es gäbe keinen Platz mehr für den Glauben. Und wenn es keinen Glauben mehr gäbe, könnten wir auch nicht mehr *durch den Glauben* gefallen. Zum Glück gibt Gott uns ausreichende Beweise für unseren Glauben und dann bittet er uns, ihm bezüglich der unbeantworteten Fragen zu vertrauen.

Können Sie das tun? Warum sollten man sich wegen der vielen Dinge, die man nicht versteht, vom Christentum abwenden, wenn es doch so vieles gibt, das man verstehen kann? Wir sollten uns lieber darauf konzentrieren, Gott zu loben und ihm zu danken, weil er uns so viele Dinge geschenkt hat, die wir verstehen *können*.

AUSLÖSER 3: DIE UNGERECHTIGKEITEN IM LEBEN

In seinem Buch *Die Nacht* beschreibt Elie Wiesel, was er als Gefangener in den Konzentrationslagern Auschwitz, Buna und Buchenwald erlebte. Weil *Die Nacht* so ergreifend ist, bezeichnete die New York Times das Buch als „kleinen Band voll furchterregender Macht." Als ich das herzzerreißende Buch las, war ich, wie viele Millionen andere Leser, zutiefst betroffen von den schrecklichen Erlebnissen, von denen dieser Mann erzählte. Ich habe das Konzentrationslager Buchenwald einmal besucht, und *Die Nacht* gab meiner innerlichen Erschütterung eine ganz neue Dimension.

Wiesel erinnert sich an die entsetzliche Ankunft in Auschwitz und an das Gefühl, kurz vor der Verbrennung im Krematorium zu stehen. Während er Qualen litt, weinten viele um ihn herum und ein Jude betete das Kaddisch für die Toten. Und inmitten dieses großen Chaos, so erzählt uns Wiesel, betete sein Vater laut: „*Yisgadal, veyiskadash, shmey raba*" („Erhoben und geheiligt werde sein großer Name auf der Welt").

Dann schreibt Wiesel: „Zum ersten Mal fühlte ich Ärger in mir hoch kommen. Warum sollte ich seinen Namen heiligen? Der Allmächtige, der ewige und schreckliche Herr des Universums, entschied sich still zu sein. Wofür sollte man ihm danken?" Er schreibt weiter:

> Nie werde ich diese Nacht vergessen, die erste Nacht im Lager, die aus meinem Leben eine siebenmal verriegelte lange Nacht gemacht hat.
>
> Nie werde ich den Rauch vergessen.
>
> Nie werde ich die kleinen Gesichter der Kinder vergessen, deren Körper vor meinen Augen als Spiralen zum blauen Himmel aufstiegen.
>
> Nie werde ich die Flammen vergessen, die meinen Glauben für immer verzehrten.
>
> Nie werde ich das nächtliche Schweigen vergessen, das mich in alle Ewigkeit um die Lust am Leben gebracht hat.
>
> Nie werde ich die Augenblicke vergessen, die meinen Gott und meine Seele mordeten, und meine Träume, die das Antlitz der Wüste annahmen.
>
> Nie werde ich das vergessen, und wenn ich dazu verurteilt wäre, so lange wie Gott zu leben. Nie.[30]

Ich möchte nicht eine Sekunde lang den Eindruck erwecken, als wüsste ich, wie grauenvoll Wiesels Erlebnisse waren. Und er ist nicht der Einzige, dessen Glaube von ähnlichen Ungerechtigkeiten zerstört wurde. Aus welchen Gründen auch immer kommen aber andere Menschen, trotz der gleichen qualvollen Erfahrungen, zu einem anderen Schluss. Anstatt ihren Glauben zu verlieren, finden und vertiefen sie ihn.

Anstatt ihren Glauben
trotz der gleichen qualvollen Erfahrungen zu verlieren,
finden und vertiefen manche Menschen ihn.

Ich habe einmal gelesen, dass in Europa ein Drittel der Menschen der Beulenpest zum Opfer fiel, die anderen zwei Drittel gingen trotz dieser bösen Plage weiter in die Kirche. Auch in den Konzentrationslagern war es nicht anders. Der Glaube der einen wurde für immer eingeäschert, während andere im Glauben gestärkt daraus hervorgingen. Manche Juden in den Lagern zweifelten und hielten am Glauben fest, während Wiesel nicht mehr glauben konnte. Er schreibt weiter in seinem Buch:

> Als wir auf unseren Pritschen lagen, sangen wir manchmal chassidische Melodien. Mit seiner tiefen, traurigen Stimme brach Akiba Drumer unser Herz. Manche der Männer sprachen über Gott: seine geheimnisvollen Wege, die Sünden des jüdischen Volkes und die zukünftige Erlösung. Ich jedoch hatte aufgehört zu beten. Ich stimmte mit Hiob überein. Ich leugnete nicht seine Existenz, *aber ich zweifelte an seiner vollkommenen Gerechtigkeit.*[31]

Im Angesicht des Bösen löste sich Wiesels Theologie von einem immer wohlwollenden Gott in Rauch auf. Direkt vor seinen Augen verbrannte sein Glaube zu Asche. Er war voller Zweifel und die *Warum-Fragen* verwirrten ihn, machten ihn hoffnungslos und agnostisch.

Und Sie? Bleibt Ihr Glaube trotz der unzähligen Ungerechtigkeiten um Sie herum unversehrt? Oder haben Zweifel und Verwirrung nach weiteren Überlegungen zugenommen? Hat das Wort *warum* Sie unwiderruflich verstört?

Tatsache ist: Als Christ bekommt man keine Wunderpille, die für immer alle Sorgen über die Ungerechtigkeiten dieser Welt ausräumt. Hiob bekam dies zu spüren, als das Böse ihn angriff und er unvorstellbares Leid erfuhr. Ich selbst habe es erst kürzlich erfahren, als ich in einem Video sah, wie ein Mensch durch die Straßen gezerrt und mit Betonklötzen gesteinigt wurde, während andere anscheinend unbeteiligt und unbekümmert vorbeifuhren. Vielleicht haben Sie es auch schon gespürt, wenn Sie die Abendnachrichten anschauen oder wenn Ihr Partner Sie betrogen hat oder nachdem Sie über die finstere Realität der Weltlage nachgedacht haben. Sogar der Prophet Habakuk stellte die Frage: „Wie lange, Herr, rufe ich schon um Hilfe, und du hörst nicht!“[32] Vielleicht haben Sie diese Frage auch schon gestellt, als Sie mit dem unaussprechlichen Bösen oder mit einer entsetzlichen Ungerechtigkeit konfrontiert wurden.

Unsere Welt ist voller Ungerechtigkeit, aber glücklicherweise nicht ohne eine endgültige Gerechtigkeit. Gott wird am Ende Recht sprechen. Bis dahin rätseln wir herum, sind verwirrt und manchmal weinen wir angesichts der Tragödien, Krankheiten und des grausamen Bösen.

Der Zweifel kann in zwei Richtungen tendieren.
Manche Menschen führt er zum Glauben
und andere zum Unglauben.

Wir erkennen also: Der Zweifel kann in zwei Richtungen tendieren. Manche Menschen führt er zum Glauben und andere zum Unglauben. Trotzdem müssen wir uns mit der Frage auseinandersetzen, die C. S. Lewis einst in *Pardon, ich bin Christ* stellte: „Mein Argument gegen die Existenz Gottes lautete, die Welt sei grausam und ungerecht. Woher aber hatte ich meine Vorstellung von gerecht und ungerecht? [...] Womit verglich ich diese Welt, wenn ich sie ungerecht nannte?“[33] Donald Gowan sagte in seinem Kommentar zu Habakuk etwas Ähnliches: „Die Forderung des Menschen, Gott soll gerecht handeln, basiert einzig und allein auf der Überzeugung, dass Gott selbst gerecht ist.“[34]

Ich glaube, unsere Verwirrung greift an der falschen Stelle an. Wenn wir eine Ungerechtigkeit beobachten, neigen wir dazu, eher Gott zu beschuldigen anstatt die Menschen, die das Verbrechen begangen haben. Ich denke auch, dass wir uns nicht ständig fragen sollten, ob Gott gerecht oder ungerecht ist. Es steht uns mehr zu, voller Staunen vor Gottes Sinn für den rechten Zeitplan zu stehen, nach dem er uns Gerechtigkeit zuteilwerden lässt, statt uns zu fragen, ob er überhaupt gerecht ist. Wir fragen: „Gott, warum dauert es so lange?“ Aber die Bibel könnte bezüglich Gottes Gerechtigkeit und seinem letzten Urteil nicht klarer sein, denn wir sind alle „nicht ohne Entschuldigung.“[35]

Natürlich wird das Problem nicht kleiner, wenn wir Gott ausblenden. Wo bleibt zum Beispiel die ultimative Gerechtigkeit im Lichte eines atheistischen Weltbildes? Ich sage es Ihnen: nirgendwo. Unter dem Deckmantel des Atheismus konnte Hitler für den Tod von Millionen ungeschoren davonkommen, indem er sich einfach in den Kopf schoss.

Anstatt also Gott zu beschuldigen oder zu versuchen, Gott ganz auszublenden, müssen wir daran denken, dass Gott selbst gerecht *ist*. In diesem Rahmen macht sein Timing, uns

Gerechtigkeit zuteilwerden zu lassen, für uns nicht immer Sinn. Aber wie Abraham sollten wir zuversichtlich sagen können: „Sollte der Richter der ganzen Erde nicht *Recht üben*?“[36]

Gott selbst *ist* Gerechtigkeit.
In diesem Rahmen macht sein Timing,
uns Gerechtigkeit zuteilwerden zu lassen,
für uns nicht immer Sinn.

Interessanterweise wird mit dem Auftreten des Neuen Atheismus Gott auf provozierende und aggressive Art kritisiert und seine Geschöpfe werden zu seinen Anklägern gemacht. Gott und nicht der Mensch ist jetzt der Schuldige. Wir machen uns zu den Gerechten, während Gott als ungerecht gebrandmarkt wird. Richard Dawkins bekanntes Zitat zeigt das ganz deutlich: „Der Gott des Alten Testaments ist die unangenehmste Gestalt der gesamten Dichtung: eifersüchtig und auch noch stolz darauf; ein kleinlicher, ungerechter, nachtragender Kontroll-Freak; ein rachsüchtiger, blutrünstiger ethnischer Säuberer; ein frauenfeindlicher, homophober, rassistischer, kinds- und völkermörderischer, ekliger, größenwahnsinniger, sadomasochistischer, launisch-boshafter Tyrann.“[37]

Dawkins‘ Beschreibung von Gott macht mich traurig. Ich bin ziemlich sicher, dass mir alle Christen zustimmen, wenn ich sage: „Wenn Gott wirklich so ist, dann will ich auch nichts von ihm wissen.“ In Wahrheit haben umsichtige Christen natürlich ein anderes Gottesbild und vielleicht wären sie sogar in der Lage, die verwirrenden Bibelstellen zu erklären, die solche aufrührerischen Bemerkungen ausgelöst haben.

Wie kann uns der Atheismus überhaupt eine Definition von Gerechtigkeit oder Ungerechtigkeit geben? Oder davon, was richtig oder falsch ist? Sind wir nicht selbst alle Bestien?

Sorgt sich nicht jeder um sich selbst? Versuchen wir nicht alle nur, zu überleben? Geht es nicht darum?

Wörter wie *gerecht* und *ungerecht* und *richtig* und *falsch* unterliegen alle bestimmten moralischen Grundsätzen. Aber welchen Maßstab hat der Atheismus? Wie ich schon sagte, gibt es in der Weltsicht des Atheismus keine ultimative Gerechtigkeit. Auch wenn Dawkins mit Gottes Gerechtigkeit kämpft, sollten wir zumindest *versuchen*, Gott zu verstehen, anstatt ihn einfach abzulehnen, nur weil seine Wege manchmal schwer nachzuvollziehen oder gar zu verstehen sind.

In einer Welt, die geprägt ist von Sünde und unserer Endlichkeit, werden wir mit vielen Widersprüchlichkeiten konfrontiert. Wir müssen jedoch inmitten unserer Verwirrung dem Drang widerstehen, falsche Schlussfolgerungen zu ziehen. Es ist besser, über den Zeitpunkt irritiert zu sein, an dem Gott uns Gerechtigkeit zuteilwerden lässt, als überhaupt gar keine Gerechtigkeit zu haben.

Das Leben ist grausam, aber Gott ist es nicht.

Und darüber bin ich froh.

*

REFLEXIONEN ÜBER DEN ZWEIFEL

- Fehlt die Sicherheit, gibt es immer Raum für Zweifel.
- Der christliche Glaube kann am besten die durch den Zweifel aufgerissene Kluft überwinden.
- Wie jede Krankheit haben auch Zweifel eine Ursache.

FRAGEN ZUM NACHDENKEN UND ZUR WEITEREN DISKUSSION

1. Bobby sagt: „Jeder Zweifler muss sich fragen: ‚Was steckt hinter meinen Zweifeln?‘ Was ist die Ursache? Die Wurzel? Der Auslöser?“ Wenn Sie an die Wurzel kommen wollen, müssen Sie sie ausgraben. Warum ist das manchmal so schwer?

2. Alister McGrath sagt: „Der Zweifel ist wie ein Kind, das Aufmerksamkeit auf sich ziehen will: Schenkst du ihm Aufmerksamkeit, dann will es noch mehr." Was meinte er Ihrer Meinung nach mit dieser Aussage? Und wenn das der Fall ist, wie müssen wir dann mit unseren Zweifeln umgehen?
3. In diesem Kapitel haben wir über drei Auslöser der Zweifel gesprochen. Hatten Sie jemals mit Zweifeln und einem dieser genannten Auslöser Probleme? Wenn ja, würden Sie es anhand eines Beispiels erzählen?
4. Die Bibel enthält einige Geschichten, die wir nur schwer verstehen können. Nennen Sie einige Argumente, die Christen kennen sollten, um zu einem besseren Verständnis dieser seltsamen Bibelgeschichten zu gelangen.
5. Warum ist das Streben nach 100-prozentiger Sicherheit vergebliche Mühe? Und warum ringen Menschen so sehr damit, Gott zu vertrauen?
6. Lesen Sie noch einmal das Zitat von Richard Dawkins am Ende dieses Kapitels. Untersuchen Sie jede beschriebene Charaktereigenschaft Gottes und denken Sie an Geschichten oder Situationen in der Bibel, die Dawkins dazu brachten, solch ein verkommenes Bild Gottes zu haben. Was würden Sie ihm sagen, wenn er Ihnen gegenüber so etwas äußerte? Wären Sie in der Lage, eine vernünftige, *kontextbezogene* Antwort zu geben?

5.

Auslöser der Zweifel: Teil 2

„Wie leben in einer Gesellschaft, die schon seit Jahrhunderten die Idee kultiviert hat, dass ein skeptischer Mensch immer klüger ist als einer, der glaubt. Man kann so dumm wie Stroh sein, Hauptsache, man zweifelt.“
Dallas Willard

„Was die inneren Zweifel betrifft, habe ich entdeckt, dass sie falsch sind: Sie sind eine Laune, keine Schlussfolgerung. Meine Schlussfolgerung ist der Glaube. Er ist in sich geschlossen, organisiert, eine Persönlichkeit, eine Lehre. Ein Gegenstand, keine Theorie.“
G.K. Chesterton

In meiner Erfahrung gleichen Zweifel eher einem Erdbeben als einem Sturm. Bei einem Sturm gibt es wenigstens eine Warnung. Man kann sich entsprechend vorbereiten, das Haus sichern und die Gegend verlassen. Bei einem Erdbeben ist das nicht so. Und Sie können mir glauben: Da ich in Kalifornien aufgewachsen bin, habe ich einige schwere Erdbeben miterlebt. Unter anderem erlebte ich 1989 das Erdbeben der Stärke 7.1 in

Nordkalifornien, 1992 das Erdbeben der Stärke 7.3 in Südkalifornien. Aus eigener Erfahrung kann ich sagen: Es gab keine Vorwarnung. Keine Sirenen. Nichts. Erdbeben passieren meistens unerwartet. Trotzdem werden sie durch *irgendetwas* ausgelöst.

Das Gleiche gilt für unsere Zweifel. In einem Augenblick haben wir Frieden mit unserem Glauben und im anderen überfällt uns Panik. Fragen kommen auf und wir denken: „Kann es sein, das ich mich bezüglich Gott irre? Hinsichtlich der Bibel, Jesu oder sogar des Himmels?" Und bevor wir es merken, erleben wir innere seismische Aktivitäten, die so schwer sind, dass es sich anfühlt, als würden die Fundamente unseres Glaubens in sich zusammenfallen.

Seismologen messen anhand der Richterskala das Ausmaß eines Erdbebens. Ähnliches gilt für unsere Zweifel und den Grad ihrer Schwere. Manche Zweifel rütteln mehr als andere an unserem Glauben. Aber ganz egal, wann die Zweifel kommen, ob sie groß sind oder klein, sie kommen unerwartet und machen unserem Glauben zu schaffen.

Ganz egal, wann die Zweifel kommen,
ob sie groß sind oder klein, sie kommen unerwartet
und machen unserem Glauben zu schaffen.

Im vorherigen Kapitel haben wir über die ersten drei Auslöser für Zweifel gesprochen. In diesem Kapitel wollen wir weitere Auslöser herausfinden, die unseren Glauben schwächen können. Auch diese Liste ist nicht annähernd vollständig. Aber ich hoffe, sie schärft Ihre Aufmerksamkeit für die vielen unterschiedlichen Zweifel der Menschen.

AUSLÖSER 4: SCHEINBARE WIDERSPRÜCHE IN DER BIBEL

Den bibelgläubigen Christen können scheinbare Widersprüche Kopfschmerzen verursachen. Wenn Sie lange genug in der

Bibel lesen, dann werden Sie auf einige dieser problematischen Bibelstellen stoßen. In seinem Buch *Jesus im Zerrspiegel* behandelt der berühmte Agnostiker und Religionswissenschaftler Bart Ehrmann eine ganze Reihe scheinbarer Widersprüche der Bibel. Diese Widersprüche sind für Ehrmann jedoch nicht scheinbar, sondern Tatsache. Der *Boston Globe* schrieb daraufhin: „Für mehr als nur ein paar Menschen wird *Jesus im Zerrspiegel* eine Granate sein, die in ihr kleines Wohnzimmer des religiösen Glaubens geworfen wurde."[1]

Ehrmann wirft mit einer Vielzahl von Beispielen dieser sogenannten Widersprüche um sich. Hier eine Auswahl:

- „Nahm Noah – wie es in Genesis 7,2 gesagt wird – je sieben Paare von den ‚reinen' Tieren mit in die Arche oder nur zwei Paare, wie es Genesis 7,9-10 beschreibt?"[2]
- „Im Markusevangelium spricht Jesus zu Petrus, dass Petrus ihn dreimal verleugnen wird, ehe der ‚der Hahn zweimal kräht.' Im Matthäusevangelium sagt er ihm, dass er ihn verleugnen wird ‚ehe der Hahn kräht.' Was stimmt denn jetzt?"[3]
- „Am dritten Tag nach Jesu Tod gehen die Frauen zum Grab, um ihn zu salben. Und wen sehen sie dort? Sehen sie vielleicht einen Mann (Markus) oder zwei Männer (Lukas) oder einen Engel (Matthäus)?"[4]

Für Ehrmann ist dieses Problem in den Evangelien so unüberwindlich, dass er sagt: „Um die Spannung zwischen den Evangelien aufzulösen, muss der Ausleger sein *eigenes* Evangelium schreiben."[5] Ehrmann behauptet weiter: „Die Bibel macht *mehr* Sinn, wenn man ihre Ungereimtheiten anerkennt anstatt darauf zu beharren, dass es gar keine gibt, obwohl sie doch unübersehbar sind."[6] Die Äußerungen Ehrmanns haben den Glauben mancher Christen in unterschiedlichem Ausmaß erschüttert.

Offensichtliche Widersprüche in den Evangelien lösten Zweifel bei mir aus.

Ich gebe zu, dass auch bei mir offensichtliche Widersprüche Zweifel auslösten. Als ich am *Dallas Theological Seminary* studierte, nahm ich an einem Kurs über das Leben Christi teil. Teil unserer Hausarbeit war das Studium der Übereinstimmung der Evangelien, wobei alle vier Erzählungen einander Seite für Seite gegenübergestellt wurden. Ich hatte das Problem zwar schon früher bemerkt, aber noch nie so eindrucksvoll. Weil ich die Evangelien auf diese Art las, bemerkte ich diese scheinbaren Widersprüche, die dann meine Zweifel auslösten. Die tektonischen Platten meines Verstandes verschoben sich, und ich dachte zwangsläufig: „Moment mal. Wenn die Bibel Gottes Wort ist, dann sollte sie keine Fehler enthalten."

Ich versuchte nicht, die Bibel zu untergraben. Auch wollte ich nicht unbedingt skeptisch sein. Und ganz gewiss wollte ich kein Ketzer werden. Ich benutzte einfach nur meinen Verstand und stellte Beobachtungen an. Sollten Nachfolger Jesu denn keine Fragen stellen? Wir müssen nicht unser Gehirn an der Garderobe abgeben, wenn wir die Bibel studieren, oder?

Was also sollte ich tun? Ich befand mich inmitten eines geistlichen Erdbebens. Einem „Glaubensbeben", wenn Sie so wollen. Hier war ich und bereitete mich in einem anerkannten evangelistischen Seminar auf den geistlichen Dienst vor, während ich von Angst epischen Ausmaßes verzehrt wurde. Ich wünschte mir von irgendwem eine einfache Antwort, um meine Zweifel zu lindern, aber simple Antworten waren noch nie befriedigend. Dennoch lernte ich durch eine geschulte Herangehensweise an das Bibelstudium einige Dinge, die mir dabei halfen, trotz meiner Zweifel am Glauben festzuhalten.

Ich lernte durch eine geschulte Herangehensweise an das Bibelstudium einige Dinge, die mir dabei halfen, trotz meiner Zweifel am Glauben festzuhalten.

In ihrem Buch *Wenn Skeptiker fragen* nennen Norman Geisler und Tom Howe 17 häufige Fehler von Menschen, die wegen ihrer Zweifel den Glauben verlieren, wenn sie hören, dass die Bibel voller Fehler sei. Ich empfehle, die Einführung zu ihrem Buch zu lesen, wie man mit diesen schwierigen Bibelstellen umgehen kann. Hier sind die wichtigsten Punkte. Das Skelett ohne das Fleisch. 17 Fehler, die wir vermeiden sollten:

- *Fehler 1*: vorauszusetzen, dass etwas, das nicht erklärt wird, nicht erklärt werden kann
- *Fehler 2*: die Bibel so lange für schuldig zu halten, bis ihre Unschuld bewiesen ist
- *Fehler 3*: unsere fehlbaren Auslegungen mit Gottes unfehlbarer Offenbarung zu verwechseln
- *Fehler 4*: Bibelstellen nicht in ihrem Kontext zu betrachten
- *Fehler 5*: leicht verständliche Bibelstellen den schwierigen Bibelstellen vorzuziehen
- *Fehler 6*: unklare Bibelstellen zur Grundlage einer Lehre zu machen
- *Fehler 7*: zu vergessen, dass die Bibel ein menschliches Buch mit menschlichen Eigenschaften ist
- *Fehler 8:* vorauszusetzen, dass ein unvollständiger Bericht ein falscher Bericht ist
- Fehler 9: den Anspruch zu erheben, dass die alttestamentlichen Zitate im Neuen Testament immer genau zitiert werden.
- *Fehler 10*: vorauszusetzen, dass voneinander abweichende Erzählungen falsch sind

- *Fehler 11*: anzunehmen, dass die Bibel alles gutheißt, was sie berichtet
- *Fehler 12*: zu vergessen, dass die Bibel eine verständliche Alltagssprache benutzt
- *Fehler 13:* vorauszusetzen, dass aufgerundete Zahlen falsch sind
- *Fehler 14:* nicht darauf zu achten, dass die Bibel unterschiedliche literarische Gattungen gebraucht
- *Fehler 15:* zu vergessen, dass nur der Originaltext ohne Fehler ist, nicht aber jede Abschrift der Bibel
- *Fehler 16:* generelle Aussagen mit allgemeingültigen Aussagen zu verwechseln
- *Fehler 17*: zu vergessen, dass spätere Offenbarungen frühere Offenbarungen ersetzen

Wenn wir einen dieser Fehler begehen, dann setzen wir uns großen Glaubenszweifeln aus. Ich möchte Sie ermutigen, schwierige Bibelstellen anhand dieser Liste zu prüfen. Wenn Sie das tun, werden Sie mit aller Wahrscheinlichkeit eine zufriedenstellende Antwort auf Ihr Problem bekommen. Sollte das nicht der Fall sein, denken Sie daran, die Bibel im Zweifelsfall für nicht schuldig zu erklären. Vertrauen Sie darauf, dass Sie diese Dinge besser verstehen würden, wenn Ihnen ausreichend Kontext zur Verfügung stünde und Sie in der alten, biblischen Kultur gelebt hätten. Manchmal tragen der Mangel an Beweisen und der Zeitabstand zwischen unserer Kultur und der Kultur der Bibel zur Verwirrung bei. Hier sind einige Tipps für den Fall, dass Sie mit Zweifeln zu kämpfen haben, weil Sie in der Bibel auf scheinbare Widersprüche gestoßen sind.

Prüfen Sie schwierige Bibelstellen anhand dieser Liste.

Erstens: Wenn unverständliche Bibelstellen Sie verwirren, dann freuen Sie sich über die verständlichen. Wie Mark Twain einst bemerkte: „Nicht die Bibelstellen, die ich nicht verstehe, beunruhigen mich, sondern es sind die Bibelstellen, die ich verstehe." Die Bibel enthält 66 Bücher, die von 40 Autoren auf drei verschiedenen Kontinenten geschrieben wurden – und zwar in verschiedenen Literaturgattungen und in drei Sprachen, wir sollten also nicht davon ausgehen, dass sie nach menschlicher Perspektive keine scheinbaren Widersprüche enthält. Craig Blomberg schreibt dazu: „Jede Textsammlung geistlicher Literatur, die über viele Jahrhunderte in unterschiedlichen Literaturgattungen geschrieben wurde und für viele verschiedene Zwecke an ein breites Publikum gerichtet ist, wird unvermeidlich scheinbare Widersprüche und theologische Abweichungen aufweisen, und zwar mit einer gewissen Kontinuität und Einheitlichkeit."[8]

Was jedoch letztendlich an der Bibel so umwerfend ist, sind nicht die vielen scheinbaren Ungereimtheiten, sondern, dass sie in sich so unglaublich konsistent ist, also logische und widerspruchsfreie Texte enthält. Noch einmal, *viele* dieser Ungereimtheiten klären sich auf, wenn man sie sorgfältig studiert und versteht.

Zweitens: Denken Sie daran, dass Ihr Kampf nicht ungewöhnlich ist. Seit wir die Bibel haben, haben große christliche Denker versucht, scheinbare Widersprüche zu lösen, während sie leidenschaftlich am Glauben festhielten. Aber die Frage bleibt: Können all diese Widersprüche miteinander in Einklang gebracht werden, oder versuchen wir uns hier an der Quadratur des Kreises? Blomberg erklärt: „Es gibt keinen scheinbaren Widerspruch, für den nicht jemand eine vernünftige Lösung vorgeschlagen hat."[9] Wie bei dem Mathematikproblem in der Schule gibt es auch dafür eine Lösung. Ich verstehe sie nur noch nicht. Und das ist beruhigend.

„Es gibt keinen scheinbaren Widerspruch,
für den nicht jemand
eine vernünftige Lösung vorgeschlagen hat."

Drittens: Machen Sie sich mit den heutigen neutestamentlichen Gelehrten und deren hilfreichen Arbeitsmaterial vertraut.[10] Menschen wie Craig Blomberg, Darrell Bock, Dan Wallace, Craig Evans, Andreas Köstenberger, D.A. Carson und andere Gelehrte haben für Diskussionen wie diese sinnvolle Lösungen vorgeschlagen.

Viertens: Wenden Sie auf eine alte traditionelle Kommunikationskultur keine journalistischen Methoden des 21. Jahrhunderts an; lernen Sie stattdessen die allgemein herrschenden Kommunikationsformen der alten Kulturen kennen. Mit anderen Worten: Untersuchen Sie die Bibel nicht unter den Voraussetzungen des 21. Jahrhunderts. Jedes Dokument, ob es nun die Bibel ist, die Unabhängigkeitserklärung, die *Gettysburg Address* (gehört zu den berühmtesten Reden des 16. US-Präsidenten Abraham Lincoln, Anm. d. Übers.), ein Liebesbrief Ihres Partners oder ein Online-Presseartikel, muss unter Berücksichtigung des historischen Kontextes gelesen werden.[11]

Fünftens: Machen Sie sich nicht verrückt, indem Sie versuchen, auf alle scheinbaren Widersprüche eine Antwort parat zu haben. Lernen Sie stattdessen die Methoden und Prinzipien kennen, mit denen Sie die Widersprüche in Einklang bringen, wenn sie auftauchen. Ich möchte den hohen Stellenwert dieser Arbeit nicht herabsetzen, doch falls Sie nicht zum Bibelwissenschaftler berufen sind, wird der Versuch, auf jeden scheinbaren Widerspruch eine Antwort zu finden, eine ziemlich leidige Angelegenheit sein. Ich bin sicher, dass Sie Ihre Zeit besser nutzen können, sei es, um Ihren Glauben zu stärken oder um zu beten. Schenken Sie den Widersprüchen erst Beachtung, wenn sie auftauchen.

AUSLÖSER 5: DAS PROBLEM DES LEIDS UND DES BÖSEN

Wir leben in einer Welt voll moralischer und naturbedingter Übel. *Moralische Übel* beziehen sich auf Dinge wie Mord, Vergewaltigung, Diebstahl, Ehebruch und Kindesmissbrauch. Diese Sünden sind das Ergebnis des freien Willens einer gefallenen Menschheit, und viele Menschen haben wegen der Bosheit des Menschen an der Güte Gottes gezweifelt. Philosophen und Theologen sprechen auch von *naturbedingten Übeln*, wie der Zerstörung Pompejis durch einen Vulkan, dem Hurrikan Katrina, dem Tsunami in Thailand oder der Beulenpest.

Katastrophen hinterlassen eine Spur unüberwindlichen Leids, der Verwirrung und ja, der *Zweifel*.

Alle diese Übel erinnern uns daran, dass unsere Welt gestört ist. Sie ist nicht unser endgültiges Zuhause. Katastrophen hinterlassen eine Spur unüberwindlichen Leids, der Verwirrung und ja, der *Zweifel*. Und jede Weltanschauung hat ihre eigene Erklärung oder Rechtfertigung für alles Leid und das Böse. Der Buddhismus betrachtet das Böse als Illusion und das Nirwana als unser höchstes Glück. Im Hinduismus ist das Karma der Grund für das Leiden und das Böse. Atheisten sehen das Böse und das Leiden als brutale Tatsache unserer deterministischen Existenz.

Der Christ jedoch hat eine andere Ansicht von Leid und Übel insgesamt. Für den Christen sind die moralischen und naturbedingten Übel das Resultat einer gefallenen und von Sünde verfluchten Welt – einer Welt, vor der Gott Adam und Eva im Garten Eden warnte, da das Leben sehr unangenehm werden würde, wenn sie seinem Wort nicht gehorchten. Und so geschah es auch. Bis heute sind die verheerenden Auswirkungen zu spüren.

Vielleicht gefällt uns diese Erklärung nicht, aber es ist unsere einzige Erklärung. Sie schenkt uns auch einen Blick in Gottes Herz. Adam und Eva haben uns gelehrt, dass wir nur dann wirklich frei sind, wenn wir in der Lage sind, Gott und seine Wege anzunehmen oder abzulehnen. Jedoch hat er in seiner Gnade und Barmherzigkeit – trotz unserer Sünden und Rebellion – einen Weg bereitet, unsere Schuld und unser Elend zu beenden. Jeder Gläubige hat die Hoffnung auf ein wiederhergestelltes Paradies. Ein vollkommenes Paradies ohne den Makel der Sünde.

Mehr als alles andere wurde interessanterweise genau dieses Problem des Übels und des Leids zur Achillesferse Bart Ehrmans, die ihn zum Abfall vom Glauben brachte. Für Ehrman war ein guter Gott – angesichts all des Bösen und der Hoffnungslosigkeit – nicht in Einklang zu bringen mit einer Welt voller Leid und Verzweiflung. Wie konnte ein liebender Gott so viel Schmerz zulassen? Im Vorwort seines Buches *God's Problem* (Gottes Problem) schreibt Ehrman:

> Das Problem des Leides wurde für mich zu einem Problem des Glaubens. Ich habe mich viele Jahre mit dem Problem auseinandergesetzt, eine Erklärung gesucht und über Erklärungen anderer nachgedacht – darunter gab es bestechend schlichte Antworten, aber auch höchst anspruchsvolle und nuancierte Betrachtungen von Philosophen und Theologen. Nachdem ich über die Antworten nachgedacht, aber weiterhin mit dem Problem zu kämpfen hatte [...] musste ich schließlich meine Niederlage eingestehen, denn ich hatte erkannt, dass ich nicht länger an jenen Gott meiner Tradition glauben konnte und ich musste eingestehen, dass ich ein Agnostiker geworden war.[12]

Das Problem des Leides löschte auch den Rest der flackernden Flamme von Ehrmans christlichem Glauben aus. Heute ist sein Glaube nichts weiter als eine persönliche Fußnote, ein Relikt aus seiner Vergangenheit.

Gottes Timing ist höchstwahrscheinlich nicht mein Timing.
Gottes Zeitverzögerung bedeutet nicht,
dass er nicht handelt.

Bei dem Anblick aller Leiden dieser Welt muss auch ich denken: „Gott, wo bist du? Willst du nicht etwas dagegen tun?" Aber dann denke ich daran: Wenn Gott wirklich in jeder Hinsicht unendlich ist, dann ist sein Timing höchstwahrscheinlich nicht mein Timing. Gottes Zeitverzögerung bedeutet nicht, dass er nicht handelt. Das eigentliche Problem ist: Ich kann nicht *alle* bestehenden Probleme sehen. Er schon. Ich weiß nicht, welche Kettenreaktion bestimmte Ereignisse auslösen und wie diese Millionen Geschehnisse miteinander vernetzt sind. Aber Gott weiß es. Meine Sicht ist beschränkt. Seine nicht.

Deswegen erinnere ich mich daran: „Bobby, du bist nicht Gott." Und ich vertraue darauf, dass Gott ein guter, gerechter und liebender Gott ist, der eines Tages alles richten wird. Für jeden Menschen, dessen Glaube durch entsetzliche Umstände angegriffen wurde, gibt es einen Menschen, der in schweren Zeiten durch seinen Glauben Kraft bekommen hat.

Im Lichte meiner sündhaften Natur gibt es außerdem ein noch viel größeres Problem – das Problem des Guten. Ich möchte weder das Leiden schmälern noch das Böse herunterspielen, aber die meisten von uns erleben bei Weitem mehr gute Dinge als schlechte. Alle Eltern, die Gott ablehnen, weil es in der Welt Leid und Elend gibt, müssen sich fragen: „Warum setzen wir Kinder in diese böse Welt?" Wären diese Eltern dann nicht selbst böse? Aber die meisten Eltern wissen, dass diese Welt – obwohl keine heile Welt – ein Ort ist, an dem wir immer noch Segen erleben können.

Angesichts unserer sündhaften Natur
stellt sich eine größere Frage:
Warum gibt es nicht noch *mehr* Böses?

Angesichts unserer sündhaften Natur stellt sich eine größere Frage: Warum gibt es nicht noch *mehr* Böses? Warum schreiben wir das Gute uns selbst zu und geben Gott für alles Böse die Schuld? Verdrehen wir da nicht die Wahrheit? Ist es nicht die Güte Gottes, die uns davor schützt, uns komplett zu zerstören? Der bekannte Gelehrte für das Neue Testament N.T. Wright bringt es auf den Punkt: „Der Begriff ‚das Böse' ist ein kleines Wort mit großer Wirkung. Aber Gott sei Dank trifft das auch auf ‚die Liebe' zu."[13]

AUSLÖSER 6: DIE LAST NICHT BEKANNTER SÜNDEN

Sünden, die nicht bekannt worden sind, werden unseren Glauben garantiert schwächen und unsere Zweifel vermehren. Und je länger wir versäumen, unsere Sünde zu bekennen, umso schwerer und unzugänglicher wird unser Herz. Verhärtete Herzen erzeugen nicht nur Glaubenszweifel, sie können auch zum Unglauben führen. Und das ist beängstigend. Wir dürfen nicht vergessen, wie wichtig das Bekennen der Sünden ist. Der Autor des Hebräerbriefes schreibt folgende ernste Warnung an seine Glaubensbrüder:

> Sehet zu, Brüder, dass nicht etwa in jemandem von euch ein böses Herz des Unglaubens sei, im Abfall vom lebendigen Gott, sondern ermuntert einander jeden Tag, solange es „heute" heißt, damit niemand von euch verhärtet

> werde durch Betrug der Sünde. Denn wir sind Teilhaber des Christus geworden, wenn wir die anfängliche Grundlage bis zum Ende standhaft festhalten.

Der Autor sagt uns, dass die Sünde nicht nur betrügerisch ist, sondern sie verbreitet auch einen gewissen Virus, der unsere Herzen verhärtet. Wenn wir unsere Sünden nicht ernsthaft bekennen, dann besteht die Gefahr, dass sich unsere Herzen verhärten. Und Hartherzigkeit ebnet den Weg für Zweifel und Unglauben.

AUSLÖSER 7: INTERNET-BLOGGER

In unserer Kultur, die von Schlagworten und Slogans gekennzeichnet wird, halten wir vieles für glaubwürdig, obwohl es aus fragwürdigen Quellen stammt. Ich denke an gewisse Blogger, die mit ihren Meinungen, obwohl sie nicht auf soliden Forschungen gegründet sind, den Cyberspace verstopfen. Viele Schreiber äußern ihre Gedanken, die dann den Stempel der Zuverlässigkeit aufgedrückt bekommen, weil uneinsichtige Leser eher an Vermutungen interessiert sind als an Fakten. Die Bibel ist oft das direkte Ziel solcher Blogger, und viele bekennende Christen wurden in ihrem Glauben von ihnen angegriffen. Diese Gläubigen werden von Zweifeln überfallen, nur weil sie nicht wissen, wie sie mit einigen Amateurtheologen umgehen sollen, die von ihrem Sessel aus das Christentum angreifen.

Typischerweise verdrehen diese Blogger die Bibel, um ihre Behauptung zu rechtfertigen, dass die Bibel Sklaverei, Völkermord, die Ungleichheit der Frau usw. befürworte. Allerdings sind sie nicht darüber informiert, was die Bibel wirklich lehrt. Jeder kann Verse aus dem Kontext reißen und bei jemandem, der nicht die ganze wahre Geschichte kennt, eine Glaubenskrise auslösen. Ich möchte an dieser Stelle erwähnen, dass auch ich mich abwenden würde, wenn die Bibel wirklich Sklaverei,

Völkermord und die Ungleichheit der Frau verherrlichen würde. Dann würde ich mit den Bloggern zusammen in ihre Hymne einstimmen.

Aber das ist nicht der Fall. Es erfordert eine Menge Arbeit, wenn man ein treuer Ausleger der Bibel sein will, Zeit und Ausbildung sind dabei nicht zu unterschätzen. Ich rate dazu, nicht zu großen Wert auf Internet-Blogger zu legen, die keine Referenzen haben. Jeder selbsternannte „Denker" mit einem Computer kann seinen Unsinn in der Welt verbreiten. Vertraut man ihrer Gelehrsamkeit, ihrer Meinung und ihren Rückschlüssen, dann ist es so, als würde man den medizinischen Fähigkeiten eines Schauspielers in einem Arztkostüm vertrauen.

Das. Ist. Nicht. Schlau.

Sie sollten stattdessen herausfinden, ob diese Blogger qualifiziert und geschult sind, um solche Aussagen machen zu können. Dann vergleichen Sie ihre Schlussfolgerungen mit denen von anerkannten Lehrern und Wissenschaftlern. Es gibt gewiss viele Blogs, die lesenswert sind. Aber das Internet öffnet jedem die Türen, vom soliden Bibellehrer bis zum Häretiker.

AUSLÖSER 8: WIR SUCHEN GOTT NICHT GRÜNDLICH UND GEWISSENHAFT GENUG

Wenn wir Gott nicht gründlich und gewissenhaft suchen, dann öffnen wir uns einer Glaubenskrise. Nur wenn wir Christus nachgehen und ihm folgen, erleben wir eine enge Beziehung und *Verbundenheit* mit ihm. Wenn sich der christliche Glaube nur noch im Kopf abspielt, wo wir auf alle unsere großen Fragen eine Antwort zu finden hoffen, dann stirbt unsere Beziehung zu Gott. Gott will mehr für Sie, als dass Sie Ihr ganzes Leben versuchen, herauszufinden, wer er ist, nur um ihn in eine theologische Schublade stecken zu können.

Wenn sich der christliche Glaube nur noch im Kopf abspielt, wo wir auf alle unsere großen Fragen eine Antwort zu finden hoffen, dann stirbt unsere Beziehung zu Gott.

Was würden Sie sich von Ihrem Ehepartner, Ihren Eltern, Freunden oder Ihrem Kind wünschen? Analysiert oder geliebt zu werden? Untersucht oder geschätzt zu werden? Christus ruft uns auf, Gott mit unserer ganzen Kraft zu lieben.[15] Sie müssen sich das so vorstellen: Gott ist kein Objekt, das man analysieren soll, sondern ein Retter, der angebetet werden darf.

Der christliche Glaube ist kein Denkspiel. Er ist ein Leben in der Nachfolge Christi. Christus kennenlernen. Ihn lieben. Ihn anbeten. Und ja, ihm vertrauen. Wenn wir nicht aufpassen, dann wird unser Glaube eine reine Kopfsache und wir reduzieren ihn auf ein lebenslanges Frage-und-Antwort-Spiel. Aber dieser Glaube ist größer, besser und viel mehr als das.

Vermeiden Sie, sich nur auf einen Teil Ihres Glaubens zu konzentrieren, indem Sie Gott nur mit dem Verstand suchen. Suchen Sie ihn mit Ihrem ganzen Wesen und mit Ihrer ganzen Kraft. Genau das soll ein Christ tun. Gott hat uns gemacht, damit wir ihn persönlich kennenlernen und lieben.

Mit ganzer Seele und ganzem Herzen.

Daher ist es wichtig, dass wir das Feuer der Liebe zu ihm anfachen. Wie Gott zu Jeremia sagte: „Und sucht ihr mich, so werdet ihr mich finden, ja, fragt ihr mit eurem ganzen Herzen nach mir, so werde ich mich von euch finden lassen, spricht der HERR."[16]

Daher ist es wichtig,
dass wir das Feuer der Liebe zu ihm anfachen.

Jeder Tag, an dem wir Gott nicht suchen, ist ein Tag, an dem wir uns den Zweifeln öffnen. *Selah.*

AUSLÖSER 9: FALSCHE VORSTELLUNGEN VOM GEBET

Jesus war es wichtig, dass seine Jünger das Gebet verstanden. Einmal kam ein Jünger zu Jesus, nachdem dieser gerade gebetet hatte und sagte: „Herr, lehre uns beten."[17] Und Jesus nahm die Gelegenheit sofort wahr.

Für mich gehört das Gebet zu den größten Geheimnissen des Lebens. Ich habe schon wundervolle und erfüllte Gebetszeiten erlebt, aber es gab auch andere Phasen, während denen ich zutiefst verwirrt war. Ich möchte einige Dinge aufzählen, die bei Gläubigen möglicherweise Zweifel auslösen können, wenn es um das Beten geht.

Erstens: Eine falsche Lehre über das Gebet kann Verwirrung und Zweifel auslösen. Manche Prediger wollen Ihnen weismachen, Sie bräuchten nur alles einzufordern, was Sie gerne hätten. Sie behaupten, wenn Ihr Glaube nur stark genug sei, könnten Sie alles haben, was Ihr Herz begehrt. Viele Menschen haben dieser Lüge geglaubt, nur um letztendlich zutiefst enttäuscht zu sein. Mit dieser Gebetsformel behandeln wir Gott wie einen Diener. Wir führen uns wie sein Meister auf, der ihm Befehle erteilt, und alles im Namen unseres falschen Glaubens.

Zweitens: Manchmal glauben wir, dass Gott hinter unserer Bitte steht, nur um später enttäuscht zu sein, wenn sie sich nicht erfüllt. Das kann ich gut verstehen. Es gab in meinem Leben Zeiten, wo ich ernsthaft dachte, dass Gott mich in eine bestimmte Richtung führen würde, aber dann stellte sich heraus, dass sich alle Türen verschlossen.

Drittens: Wir nehmen fälschlicherweise an, dass Beten eine Zeitverschwendung sei, da Gott sowieso alles weiß. Viele behaupten: „Warum soll ich beten, wenn Gott doch schon weiß, was passieren wird?" Oder: „Beten ist Zeitverschwendung, denn was passieren wird, passiert." Aber das hat nichts mit dem christlichen Glauben zu tun. Das ist Fatalismus. Und es macht jegliche Beziehung zu Gott zunichte. Wenn ich daran denke, dass Jesus, der vollkommen war, sein Gebetsleben so wichtig nahm, wie viel mehr sollten wir das erst tun? Beim Beten ging es Jesus vielmehr um seine Beziehung *zum Vater* als darum, seine Bedürfnisse zu stillen.

Wenn Jesus, der vollkommen war,
sein Gebetsleben so wichtig nahm,
wie viel mehr sollten wir das tun?

Viertens: Wir projizieren unsere Wünsche fälschlicherweise auf Gott, wodurch unsere Erwartungen enttäuscht werden und das wiederum verleitet uns dazu, zu zweifeln. Es ist wichtig, dass wir gemäß der Bibel beten. Ansonsten glauben wir, dass Gott die gleichen Dinge wertschätzt wie wir. Und außerdem sollten wir ehrlich sein: Wir sprechen viel zu viele „*verwöhn*-mich-Gebete" und nicht genügend „*verändere*-mich-Gebete". Unsere Aufgabe ist es, uns an die Schrift zu halten, statt Gott zu überreden, unsere Wünsche zu erfüllen. Unsere Gebete sollten gemäß Gottes Willen sein, was bedeutet, dass wir uns selbst ausliefern. Und das ist nicht leicht. Stimmt's?

Fünftens: Wenn Gott distanziert und desinteressiert wirkt und nicht schnell genug reagiert, geraten wir in Zweifel. Der Prophet Habakuk war von Gottes Distanziertheit verwirrt: „Wie lange, Herr, rufe ich schon um Hilfe, und du hörst nicht!"[18] Mir gefällt es, wie authentisch Habakuk vor Gott ist. Er legt ihm alles hin. Er teilt ihm mit, was er *fühlt*, was er *denkt*. Er hält nichts zurück.

Jemand sagte einmal zu mir: „Bobby, wir brauchen in unseren Kirchen mehr jüdische Gebete." Damit meinte er, dass wir authentischere, offenere und ehrlichere Gebete brauchen. Solche, wie wir sie in den Psalmen lesen, wo die Psalmisten mit ihren Zweifeln, ihrer Ratlosigkeit und ihren Ängsten kämpfen und zeigen, wie verwundbar sie sind. Ich spreche über vollkommen offene Gebete. Wir müssen sogar unsere Zweifel im Gebet vor Gott bringen. Die Gemeinde muss der Ort sein, wo wir uns sicher genug fühlen, um ehrlich sein zu können. Freimütig. Vollkommen offen. Stattdessen denken wir: *Was ist, wenn ich etwas falsch mache? Wenn ich nicht richtig bete?* So beten wir diese blumenreichen, vorgefertigten Gebete, die nicht authentisch sind.

Die Hälfte unserer Zweifel könnte behoben werden, wenn wir mit anderen und Gott ehrlich wären.

Nicht so Habakuk. Er war *zutiefst* authentisch vor Gott. Ich habe schon gesagt, dass meine Überlebensmedizin Transparenz ist. Die Hälfte unserer Zweifel könnte behoben werden, wenn wir mit anderen und Gott ehrlich wären. Als ich einst von starken Zweifeln überfallen wurde, schrieb ich Folgendes an Gott:

> Gott, mich quält etwas zutiefst. Ich frage mich wirklich, ist das alles wahr? Bist du überhaupt hier? Kommen meine Gebete eigentlich bei dir an? Hörst du mich? Es ist, als ob in meinem Kopf Stimmen seien. Stimmen, die als Fragen auftauchen: „Ist das alles ein Witz? Wurde ich getäuscht?“ Und Stimmen, die mir meinen Frieden nehmen, wie: „Lass die Finger davon. Verlass die Höhle des Christentums und schau es dir von außen an. Sieh doch, in welcher Falle du sitzt. Sieh doch, wie gutgläubig du gewesen bist. Du bist betrogen worden.“ Aber eigentlich möchte ich nicht zweifeln. Es sei denn, dass ich mich auch darin täusche. Zweifel haben meine Begeisterung, meine Freude und meinen Lebensmut geschwächt. Manchmal habe ich das Gefühl,

> mit den Fingernägeln an einer Klippe zu hängen. Ich habe das Fundament meines Glaubens verloren, aber ich habe noch nicht ganz aufgegeben. Ich bin in diesem Niemandsland, dem Ort zwischen Glauben und Unglauben. Ich lebe in einer Welt des Zweifels. Manchmal denke ich: „Ich halte es nicht länger aus." Gott, du musst mir jetzt helfen. Ich muss wieder erkennen, dass *du mein Fels* bist, denn wenn ich mich auf meine eigene Kraft verlasse, dann werde ich fallen. Und das wird nicht schön sein. Gott, ich flehe dich an, sei in meinem Leben ganz real. Zeige mir deine Treue. Nimm die Auslöser für meine Zweifel weg und schenke mir neuen Glauben. Ein Glaube, der wieder an dich glaubt. Ich flehe dich an: Hilf mir. Heute Morgen stecke ich schon bis zum Hals im Treibsand der Zweifel. Ich brauche Hilfe. Ich brauche dich – jetzt. Ich suche aufrichtig nach der Wahrheit. Alles, was ich will, ist, in der Wahrheit zu wandeln. Du sagst, du bist die Wahrheit – zeig mir die Wahrheit. Ich flehe dich an.

Waren Sie auch mal so verzweifelt? Wenn ja, haben Sie es auch zum Ausdruck gebracht? Ehrlich gesagt würde ich das alles lieber vor Ihnen verheimlichen. Bedenken Sie, ich bin nicht nur Christ, sondern auch Pastor. Und ich bin nicht nur ein christlicher Pastor, sondern auch ein christlicher Apologet. Eigentlich sollte ich über all dem stehen. Aber das tue ich nicht. Trotzdem halte ich am Glauben fest.

Kurz nachdem ich dies niedergeschrieben hatte, kam meine Frau in mein Büro. Und komischerweise fühlte ich mich besser. Sie fragen sich vielleicht, warum. Weil es beruhigt, wenn man vor Gott *und* vor anderen ehrlich und authentisch ist. Ein paar Worte der Ermutigung können inneren Frieden schenken. Ich nehme an, das ist der Grund.

Es gibt Momente, in denen mein christlicher Glaube vollkommen Sinn macht, und andere Momente, in denen alles unsinnig erscheint. Aber es sind eben nur *Momente*. Momente, in den man warten, reden, beten und vertrauen muss. Und in den Momenten, in denen Zweifel auftauchen, müssen wir durchhalten, auch wenn es scheint, als sei Gott im Urlaub. Aber das ist er nicht. Denn Jesus sagte: „Ich bin bei euch alle Tage bis zur Vollendung des Zeitalters.“[19]

Das nächste Mal, wenn Sie Ihre Zweifel haben, versuchen Sie, in dieser Verheißung zu ruhen.

REFLEXIONEN ÜBER DEN ZWEIFEL

- Zweifel gleichen eher einem Erdbeben als einem Sturm. Sie treten oft unerwartet auf.
- Verhärtete Herzen erzeugen nicht nur Herzen voller Zweifel, sie können auch Herzen voller Unglauben erzeugen.
- Jeder Tag, an dem wir Gott nicht suchen, ist ein Tag, an dem wir uns den Zweifeln öffnen.

FRAGEN ZUM NACHDENKEN UND ZUR WEITEREN DISKUSSION

1. Bobby sagt: „Wenn wir nicht aufpassen, dann wird unser Glaube eine reine Kopfsache und wir reduzieren ihn auf ein lebenslanges Frage-und-Antwort-Spiel.“ Wie können wir das vermeiden?
2. Mit welchen Auslösern für Zweifel können Sie sich in diesem Kapitel am besten identifizieren?
3. In den letzten beiden Kapiteln wurden neun Auslöser untersucht. Fallen Ihnen weitere Dinge ein, die Zweifel auslösen könnten?
4. Laut Bobby gleicht der Zweifel eher einem Erdbeben als einem Sturm. Können Sie das nachvollziehen? Wenn ja, inwiefern?

5. Warum ist es Ihrer Meinung nach so schwer, vor Gott und anderen vollkommen ehrlich und authentisch zu sein? Welche Gefahren sind damit verbunden?
6. Haben Sie mit besonderen Zweifeln zu kämpfen, für die wir heute beten können?

6.

Vier Facetten des Zweifels

„Zweifel sind die Ameisen in der Hose des Glaubens. Sie halten ihn lebendig und wach."
Frederick Buechner

„Zweifel ist die geheime Sünde, tief vergraben in unseren Seelen. Wir haben alle Angst, sie zu berühren, das Monster freizugeben. Aber ein authentischer, christlicher Glaube verlangt, dass wir es aufdecken, es benennen, es verstehen, und mit ihm Frieden schließen."
Kelly James Clark

Der Zweifel ist wie ein facettenreicher Diamant. Er ist kompliziert. Wie die Kunst ... oder sogar wie meine Ehefrau. Ich habe Heather schon mehrmals gesagt: „Ich werde dich nie ganz ergründen können." Der Grund ist, dass sie so herrlich geheimnisvoll ist. Wunderbar komplex. Ein Rätsel. Unlösbar. Eine facettenreiche Lady. Ich verstehe vollkommen, warum die Bibel den Ehemännern die Anweisung gibt, „mit Einsicht" bei ihren Ehefrauen zu wohnen.[1] Eine Frau ist in gewisser Weise kompliziert. Sie ist kein Problem, das gelöst werden muss, sondern ein Mensch, der verstanden werden will. Wenn Sie versuchen, eine Frau zu enträtseln, wird sie das Gefühl bekommen, dass Sie sie besiegen wollen. Aber gerade dieses *Geheimnis* der Frau hilft dem Mann, sich weiterhin um sie zu bemühen. Und das ist es, was jede Frau möchte – dass ihr Mann sich um sie *bemüht*.

Natürlich können wir unsere Frauen nicht völlig mit Zweifeln vergleichen, sonst fallen wir in Ungnade ... oder Schlimmeres. Aber wir sind uns doch einig, dass beide facettenreich sind, und ich muss lernen – wie bei meiner Frau – mit Zweifeln *verständnisvoll* umzugehen.

Der Zweifel hat mehrere Nuancen, die ich die „vier Facetten des Zweifels" nenne. Wenn wir die verschiedenen Facetten verstehen, können wir auch besser mit unseren Zweifeln umgehen. Diese Facetten des Zweifels können unseren Glauben langsam untergraben und uns geistlich ohnmächtig machen. Lassen Sie uns nun die vier Facetten mit diesem Wissen untersuchen.[2] Wie bei der Auswahl von Farbtönen ist es manchmal schwer, zwischen ihnen zu unterscheiden.

EMOTIONALER ZWEIFEL

Wahrscheinlich gibt es nichts, was den lebendigen Glauben eines Christen mehr lähmt als der emotionale Zweifel. Diese Facette des Zweifels ist brutal. Der emotionale Zweifel zermürbt Sie, bis Sie am Ende Ihrer Kräfte sind, und im schlimmsten Fall stehen Sie völlig verzweifelt am Abgrund. In dieser Bedrängnis kann es passieren, dass wir uns mit unserer Frustration gegen Gott wenden.

Der emotionale Zweifel ist brutal. Er zermürbt Sie.

An diesem Punkt müssen wir uns eine wichtige Frage stellen: „Was ist der Grund für meine emotionalen Zweifel?" Interessanterweise lauert hinter den emotionalen Zweifeln unterschwellig eine ganze Palette verborgener Emotionen. Diese *verdeckten Gefühle* können qualvoll sein.[3] Gefühle wie *Angst* führen zur Frage: „Was ist, wenn mein Glaube reine Fantasie ist? Was, wenn ich gar nicht wirklich errettet bin? Was, wenn Gott mir die Affäre, die ich gerade habe, nicht vergibt?" Oder *Zorn*, der sagt: „Wie konnte Gott es wagen, mir meinen Ehepartner zu nehmen?" Oder: „Welcher Gott würde es zulassen, dass ich mich geschäftlich selbstständig mache, nur um mich dann voll auf die Nase fallen zu lassen?" Oder: „Wie konnte Gott es zulassen, dass mein Kind Krebs bekommt?"

Ein weiteres unterschwelliges Gefühl, das Zweifel auslöst, ist *Sorge*: „Wird Gott sich um unsere finanziellen Nöte kümmern? Was passiert, wenn ich für den Rest meines Lebens Single bleibe? Was ist, wenn ich meine Arbeit verliere?" Die *Depression* ist ein weiteres verborgenes Gefühl. Man fragt sich: „Gott, warum hast du mich so gemacht?" Oder wir denken: „Man wird mich nie akzeptieren." Oder: „Ich fühle mich so nutzlos." Oder wir fragen: „Warum bin ich so ein Versager, Gott?"

Selbst emotionale *Verwirrung* kann Zweifel auslösen, wenn wir über unsere kaputte Welt nachdenken. Bestürzt fragen wir: „Wenn Gott gut ist, warum lässt er zu, dass so viele Menschen jeden Tag verhungern?" Oder: „Wie kann es sein, dass Kinder Gott wichtig sind, wenn es so viele Waisen gibt?" Diese Verwirrung erzeugt emotionale Zweifel, wenn das Leben keinen Sinn macht. Und das Rätsel bleibt ein Rätsel.

Unsere Reaktion auf den emotionalen Zweifel ist oft genauso facettenreich wie der Zweifel selbst. Manchmal können wir eigenartig und sonderbar darauf reagieren. Emotionale Zweifel können uns dazu bringen, aufzugeben, wegzurennen, andere zu unterdrücken, uns selbst zu zerstören, uns zu verstecken und sogar zu sterben. Zweifellos ist der emotionale Zweifel sehr beunruhigend. Und wenn Sie diese Art des Zweifels schon erlebt haben, dann wissen Sie, wovon ich spreche.

Sie wissen, wie es sich anfühlt. So wie ich. Sie sind hier nicht alleine.

Emotionale Zweifel entstehen,
wenn wir etwas erleben oder etwas hören,
das mit einem guten und liebenden Gott
schwer zu vereinbaren ist.

Normalerweise entstehen emotionale Zweifel, wenn wir etwas erleben oder etwas hören, das mit einem guten und liebenden Gott nur schwer zu vereinbaren ist. Und wenn wir mit dem Problem des Leidens und des Bösen zu kämpfen haben, dann fühlen wir die volle Kraft des emotionalen Zweifels. Philosophen unterscheiden zwischen dem *intellektuellen* Problem des Bösen und dem *emotionalen* Problem des Bösen. Das intellektuelle Problem versucht zu erklären, warum es nicht unlogisch ist, dass Gott und das Böse gleichzeitig existieren. Auch wenn uns diese Idee nicht gefällt, ist sie kein Widerspruch in sich.

Das emotionale Problem des Bösen ist viel schwerer zu ertragen. Viele Menschen entwickeln dabei einen Widerwillen gegen Gott. Während man auf intellektuelle Weise zu der Erkenntnis kommen kann, dass Gott und das Böse mithilfe der Logik in Einklang gebracht werden können, kann das emotionale Problem länger anhalten, bis manche Menschen den Schluss ziehen: „Irgendwas ist hier faul." Jetzt versuchen wir, unsere emotionale Verwirrung auszudrücken. Die Frage, die uns alle bewegt, „Warum, Gott?", lässt das Gefühl aufkommen, von Gott verlassen zu sein. Dann fragen wir uns: „Gott, wenn du gut bist, warum lässt du so viel Böses zu? Warum verhinderst du dieses Chaos nicht?"

Der christliche Apologet William Lane Craig erzählt eine Geschichte, die diese Frage nach dem Warum behandelt. In den 80er-Jahren sah Craig eine Fernsehsendung über eine riesige Schlammlawine, die ein Dorf in einem anderen Land überrollte. Ein kleines Mädchen war auf tragische Weise bis zum Kinn in der Schlammlawine gefangen, und aus irgendeinem Grund konnten die Rettungshelfer sie nicht befreien. Craig erzählt, wie dieses junge Mädchen einfach nur in den Fluten festsaß und immer wieder Schlammwasser ausspuckte. Abend für Abend zeigten die Nachrichten dieses Ereignis und wie die Notlage des Mädchens sich immer mehr verschlimmerte. Sie hatte vor lauter Erschöpfung schon ganz dunkle Ringe unter den Augen. „Wir sahen sie vor unseren Augen im Fernsehen *sterben*", sagte Craig.

Es schien, als sei Gott völlig unberührt. Gleichgültig. Desinteressiert. Als würde er das ganze Geschehen ignorieren. Eines Abends verkündete der Nachrichtensprecher, dass das kleine Mädchen ertrunken war. Aufgrund solch abgrundtiefen Leidens musste Craig fragen: „Gott, wie konntest du das Leiden dieses kleinen Mädchens zulassen? Wenn sie schon in der Schlammlawine sterben musste, hättest du sie doch schnell ertrinken lassen können. Aber warum dieses sinnlose, lange Sterben?" Dann sagte er: „Wenn ich solche Dinge sehe, muss ich zugeben, dass es mir schwer fällt, an Gott zu glauben."[4]

Craig durchlebte an dieser Stelle eine ernste Krise voll *emotionaler* Zweifel. Doch er musste schnell zugeben, dass solch ein Trauma keinen *wirklichen* Grund liefert, die Existenz Gottes abzulehnen. Die Wahrheit ist: Solange wir in einer Welt leben, in der es Geschöpfe mit einem freien Willen gibt, existiert auch das potentielle Böse, ansonsten wären wir nur Automaten. Aber es kann einige Zeit dauern, bis unsere Gefühle diese Wahrheit verstehen. Glücklicherweise sind wir keine Automaten. Und auch wenn wir Gottes Beweggründe nicht verstehen, heißt das nicht, dass es keine Gründe gibt.

Auch wenn wir Gottes Beweggründe nicht verstehen, heißt das nicht, dass es keine Gründe gibt.

Denken Sie mal einen Moment über das Leid nach, das wir durch unsere Sünden verursachen. Obwohl Gott Sünde nicht duldet, ist er doch so groß, dass er sogar in unserer Sünde etwas über sich selbst offenbart. Ohne diese Sünde wären uns bestimmte Erfahrungswerte für immer verborgen geblieben. Zum Beispiel: Wie würden wir – ohne Sünde – wissen, dass wir bedingungslos geliebt werden? Nicht nur das: Hätten wir keine Sünde erlebt, dann wüssten wir nicht, dass Gott vergibt und barmherzig ist. Warum sollte man in einer Welt ohne Sünde Gnade walten lassen und was gäbe es zu vergeben? Was würden Vergebung und Barmherzigkeit in einer vollkommenen Umgebung bedeuten?

Oder denken Sie an Gottes Gerechtigkeit. Gäbe es keine Gerechtigkeit, dann würden wir die wahre Natur der Gerechtigkeit gar nicht verstehen. Eigenschaften wie bedingungslose Liebe, Vergebung, Gnade und Gerechtigkeit kommen erst vor dem schwarzen Hintergrund unserer Sünde zur Geltung. Denken Sie mal darüber nach. Gott ist so groß, dass er – selbst wenn wir gegen ihn rebellieren – einen Weg findet, mehr von seiner unendlichen Größe zu offenbaren.

Wenn wir uns die erste Sünde der Menschheit im Garten Eden anschauen, sehen wir, wie sich Gottes Herrlichkeit auf vielfältige Weise zeigt. Das bedeutet nicht, dass Gott uns erlaubt hat zu sündigen, damit er seine göttlichen Muskeln spielen lassen und mit seinen Eigenschaften noch mehr angeben kann. Nein. Die Schrift zeigt uns ganz klar, dass er uns wieder und wieder und wieder davor warnt, zu sündigen. Gott ist kein unsicherer Schüler, der Aufmerksamkeit sucht. Weil er so gut ist, können wir überhaupt erst seine unbeschreibliche Güte erkennen. Und da ist noch mehr.

Unseren Emotionen tut es gut, wenn wir uns daran erinnern, dass die Existenz Gottes nicht zu leugnen ist, obwohl wir in einer bösen Welt voller Sünde und Leiden leben. Wie ein Arzt, der seinem Patienten manchmal Schmerzen zumuten muss, damit er gesund werden kann, müssen auch wir darauf vertrauen, dass Gott seine Gründe hat, wenn er Leid zulässt, *auch wenn diese Gründe oft nicht erkennbar sind.* Er kann Leiden zulassen, um uns aus unserer Selbstgefälligkeit aufzuwecken, um uns größere Abhängigkeit von ihm zu lehren, damit wir Mitgefühl entwickeln oder Vergebung üben oder um uns zu helfen, seinem unsichtbaren Plan zu vertrauen.

Gott hat seine Gründe, wenn er Leid zulässt,
auch wenn diese Gründe oft nicht erkennbar sind.

Offen gesagt: Wie können wir Christus ähnlicher werden, wenn wir nicht lernen, zu vergeben? Und wie können wir vergeben, wenn wir nicht verletzt worden sind? Also ist es gut möglich, dass Gott zulässt, dass wir verletzt werden, damit wir – und das ist ein großes Vorrecht – Christus ähnlicher werden. Und wenn uns Ratlosigkeit plagt, weil wir Schmerzen und Leid ertragen müssen, dann wird uns der größte Trost zuteil, indem wir erkennen, dass auch Jesus gelitten hat. Sein Tod am Kreuz für unsere Sünden schenkt uns Vergebung. Eines Tages wird er allem Leid und Bösen ein Ende setzen, wenn er die Werke des Teufels vernichtet.[5]

Paulus schrieb an die Gemeinde in Rom: „Wir wissen, dass die Bedrängnis Ausharren bewirkt, das Ausharren aber Bewährung, die Bewährung aber Hoffnung."[6] Beachten Sie hier die Abfolge aufeinander bezogener Ereignisse. Im Leiden müssen wir uns entscheiden, auszuharren. Und im Ausharren geschieht etwas Erstaunliches. Es entsteht Bewährung. Und in dieser Bewährung durchdringt uns Hoffnung.

Eines Tages wird es kein Leid mehr geben,
und wir werden erkennen,
dass unsere eigentliche Hoffnung Gott selbst ist.

Ihr Christen: Ergreift die Hoffnung. Wenn wir leiden, ist unsere erste Reaktion oft, dass wir dem Leiden aus dem Weg gehen wollen, statt zu fragen, *was wir daraus lernen können*. Und das ist ein Unterschied. Eines Tages wird es kein Leid mehr geben, und wir werden erkennen, dass unsere eigentliche Hoffnung Gott selbst ist. In der Ewigkeit, wo wir und unsere Gefühle wieder vollkommen geheilt sind. Durch Leiden zur Herrlichkeit. Darauf harren wir – mit Hoffnung.

INTELLEKTUELLE ZWEIFEL

Intellektuelle Zweifel entstehen, wenn wir damit kämpfen, eine Antwort auf eine Frage zu finden, über die wir gestolpert sind. Die Fragen, die den intellektuellen Zweifler quälen, können unüberwindlich erscheinen und auch unsere Beziehung zu Christus lähmen. Wir kennen alle den Ausspruch: „Je mehr man weiß, desto mehr weiß man, dass man nichts weiß." Das ist wirklich wahr. Deshalb sind so viele Neubekehrte derart unerschrocken und leidenschaftlich. Aber wenn sie lernbegierig sind, stellen sich ihnen mit der Zeit auch immer mehr Fragen.

Manchmal kommt es mir so vor, als würde ich mit jedem Buch, das ich lese, von zehn weiteren hören, die ich auch noch lesen muss. Und mit jeder Frage, auf die ich eine Antwort suche, ergibt sich ein weiteres Dutzend Fragen. Die Fragen wachsen uns dann über den Kopf, bis wir nicht mehr alle Antworten finden können. In diesem Fall kann es hilfreich sein, gar nichts zu tun und bei der Suche nach Antworten eine Pause einzulegen. Aber natürlich kommen wir so nicht voran. Zumindest nicht auf lange Sicht.

Wie kann ein Christ mit den vielen unbeantworteten Fragen seine Leidenschaft für Christus intakt halten? Hank Hanegraaff gab nach einem Interview über das Buch *The Bible Answer Man* (Der Mann der biblischen Antworten) einige hilfreiche Ratschläge, wie man mit der Belastung so vieler unbeantworteter Fragen leben kann. Er ermutigte mich, meine Endlichkeit zu preisen: „Anstatt sich von dem gigantischen Berg der Fragen erdrücken zu lassen, sollten diese Fragen zu einer größeren Ehrfurcht vor Gott führen. Wenn wir Gott vollkommen verstehen würden, wäre er ein ziemlich kleiner Gott." Das beeindruckte mich.

„Anstatt sich von dem gigantischen Berg der Fragen erdrücken zu lassen, sollten diese Fragen zu einer größeren Ehrfurcht vor Gott führen. Wenn wir Gott vollkommen verstehen würden, wäre er ein ziemlich kleiner Gott."

Zurzeit lese ich gerade *The Old Testament Documents: Are They Reliable and Relevant* (Die alttestamentlichen Dokumente: Sind sie verlässlich und von Bedeutung?) von Walter Kaiser. Kaiser weist darauf hin, dass das Jeremia-Buch in zwei Fassungen überliefert ist, einer kurzen und einer längeren Version. Sofort fragen wir: „Was?". Das ist der Aufschrei des intellektuellen Zweifels. Und wir fangen an, unseren einst unerschütterlichen Glauben an die Schrift infrage zu stellen. Wir erkennen, dass dieser ganze Entstehungsprozess der biblischen Bücher doch nicht so klar war, wie wir es gerne hätten.

Es gibt noch viele ähnliche Beispiele wie das eben erwähnte von Kaiser. Aber was erwarten wir, wenn wir es mit Dingen einer jahrtausendealten Geschichte der Menschheit zu tun haben? Ich habe herausgefunden, dass ich eine zufriedenstellende Antwort auf meine Fragen finden kann, wenn ich mir Zeit nehme, diese Rätsel zu lösen. Im Fall Jeremia liefert Kaiser folgende Erklärung:

> Eine Erklärung für die zwei Fassungen des Jeremia-Buches könnte sich aus der Tatsache ableiten, dass Jeremia diesen Text zwei Mal abfassen musste, wegen der niederträchtigen und entsetzlichen Taten des Königs von Juda, der kurzerhand jeden Abschnitt der Rolle zerschnitt und verbrannte, nachdem man ihm den Text vorgelesen hatte. Jeremia schreibt dazu in 36,32: „Da nahm Jeremia eine andere Rolle und gab sie dem Schreiber Baruch, dem Sohn des Nerija. Und er schrieb darauf aus dem Mund Jeremias alle Worte des Buches, das Jojakim, der König von Juda, im Feuer verbrannt hatte. Und es wurden noch viele Worte wie diese hinzugefügt."[7]

Setzt man sich weiterhin mit solchen Fragen auseinander, stellt man fest: Auch wenn das Abschreiben der Manuskripte und deren Kanonisierung nicht immer glimpflich verlief, gibt es doch ausreichend archäologische, literarische und handschriftliche Beweise, so dass wir intellektuell auf die Verlässlichkeit der alt- und neutestamentlichen Dokumente vertrauen können. Für die meisten, wenn nicht sogar für fast alle diese Rätsel gibt es eine Erklärung.

Es gibt ausreichende Beweise, so dass wir intellektuell auf die Verlässlichkeit der alt- und neutestamentlichen Dokumente vertrauen können.

Manchmal gibt es ziemlich klare Antworten, ein anderes Mal überhaupt keine. Manchmal müssen wir tief graben. Was die längere Version des Jeremia-Buches betrifft, sagt Kaiser: „Es gibt starke Indizien dafür, dass dies eine erweiterte Version des

Originaltextes des Jeremia-Buches ist."[8] Für mich ist das ein schönes Beispiel für etwas, was oft passiert. Wir finden etwas heraus, sind ein wenig unsicher, dann suchen wir eine Antwort und kommen schließlich zu einer plausiblen Erklärung. Aber während des Prozesses werden wir zu stärkeren Verteidigern des Glaubens.

Seien Sie also getrost. Wenn Sie auf solche intellektuellen Hindernisse stoßen, erschrecken Sie nicht. Halten Sie inne, atmen Sie tief ein, und denken Sie daran, dass es Erklärungen *gibt*. Lernen Sie, Gefallen an dem *Prozess* zu finden, während Sie dabei Gott immer näher kommen.

Nicht richtendend, sondern mit demütigem Blick lesen

Bei unserer Suche nach Beweisen dürfen wir die Bibel nicht so lesen, als sei sie so lange schuldig, bis ihre Unschuld bewiesen ist. Auf diese Art und Weise machen wir aus unserem Glauben eine kalte, reine Wissenschaft. Und unsere Beziehung zu Gott wird angesichts der schwindenden Liebe sterben.

Der bekannte Reformator Martin Luther beschrieb diesen Unterschied so, dass wir die Bibel nicht mit richtendem, sondern mit demütigem Blick lesen sollen. Jemand, der Ersteres praktiziert, stellt sich über die Schrift und urteilt darüber, was wahr oder falsch ist. So jemand wird zum endgültigen Richter über Wahrheit und Irrtum. Ein Mensch, der jedoch Letzteres praktiziert, unterwirft sich der Schrift und vertraut dem Wort Gottes als endgültigem Richter über alle Wahrheit. Augustinus beschrieb es so: „Ich glaube, damit ich erkennen kann."

Wenn wir erst glauben können,
wenn alle unsere Fragen beantwortet sind,
dann werden wir nie an etwas glauben.

Das ist kein intellektueller Selbstmord. Wenn wir erst glauben können, wenn alle unsere Fragen beantwortet sind, dann werden wir nie an etwas glauben. Der Atheist glaubt weiterhin an seinen Atheismus, unabhängig von seinen unbeantworteten intellektuellen Fragen. Jeder ehrliche Atheist muss zugeben, dass es sich ziemlich dumm anhört, wenn man behauptet, etwas wäre aus dem Nichts entstanden. Und ich gebe zu, dass es sich auch dumm anhört, wenn man sagt, dass 40 Jahre lang Manna vom Himmel gefallen ist. Aber intellektuell gesehen ist es plausibler, an einen Gott zu glauben, der Manna vom Himmel fallen lässt, als zu glauben, dass ein Nichts das ganze bekannte Universum aus dem Nichts erschuf.

Wie schon gesagt wurde: „Nichts kann aus nichts entstehen." Und wenn 1. Mose 1,1 wahr ist, dann können wir ganz gewiss alle anderen Wunder, die uns verblüffen, verkraften. Wenn „Im Anfang schuf Gott den Himmel und die Erde" wahr ist, dann ist die Zubereitung von ein wenig Manna für Gott das reinste Kinderspiel.

DER VORSÄTZLICHE ZWEIFEL

Die dritte Facette des Zweifels ist der vorsätzliche Zweifel. Ich spreche hier von unserem *Willen* bzw. der Fähigkeit, sich bewusst zu entscheiden. Der Wille ist der Teil unserer Persönlichkeit, der sich naturgemäß nicht unterwerfen will. Vorsätzliche Zweifel treten dann auf, wenn zwischen dem Willen Gottes und unserem Willen ein Kampf stattfindet.

In dieser Glaubenskrise fragt man sich: „Weiß Gott wirklich, was das Beste für mich ist? Kann ich ihm vertrauen, dass er mich auf dem richtigen Weg führt? Was, wenn ich ihm folge und später alles bereue? Ist mein Leben möglicherweise besser, wenn ich meine eigenen Entscheidungen treffe?"

Wer möchte zudem schon gerne seinen Willen aufgeben? Loslassen. Den Willen aus der Hand geben. Jemandem die Kontrolle überlassen. *Nichts* davon passiert von Natur aus. Doch im Leben eines Christen haben viele Dinge mit Unterordnung zu tun. Mit Nachgeben und Selbstentäußerung. Das tiefste Wesen des Glaubens ist die Unterwerfung unseres Willens unter den Willen Gottes. Schwierig ist nur, dass es nicht immer so leicht bzw. deutlich ist, den Willen Gottes zu erkennen.

Das tiefste Wesen des Glaubens ist
die Unterwerfung unseres Willens
unter den Willen Gottes.

Manchmal können wir durch innere Impulse des Heiligen Geistes *fühlen,* wie Gott uns führt. Wir können sogar durch bestimmte Umstände Gottes Willen *sehen.* Und wir können Gottes Willen durch die Gemeinde, den Leib Christi, aber ganz besonders durch das Studium der Bibel *hören.* Während wir verarbeiten, was wir fühlen, sehen und hören, müssen wir vertrauensvoll fragen: „Steht dies alles im Einklang mit der Bibel?" Genau das ist für den Christen ein bibelorientiertes Leben.

Ein bibelorientiertes Leben führen

Als Gläubige haben wir die Aufgabe, die Bibel zu lesen und unser Leben danach auszurichten. In der Heiligen Schrift ist Gottes Wille schriftlich niedergelegt. Das bedeutet nicht, dass wir alle levitischen Gesetze des Alten Testaments auch auf unser Leben anwenden müssen. Überhaupt nicht. Lassen Sie Ihr kleines Schaf am Leben. Wir sind unter dem *Neuen* Bund.

Als Gläubige haben wir die Aufgabe,
die Bibel zu lesen und unser Leben danach auszurichten.

Das bedeutet jedoch nicht, dass für Christen alles aus dem Alten Bund nutzlos wäre. Wichtig ist die Frage: „Was sind die zeitlosen Prinzipien in dem vorliegenden Text und wie kann ich sie auf mein Leben anwenden?" Eine gute Bibelauslegung kann Ihnen helfen, den Text besser zu verstehen und die wesentlichen Aspekte auf unsere eigene Kultur zu übertragen.[9]

Als ich kürzlich mit einem guten Freund sprach, sagte ich: „Das Beste, was mir in meinem Leben passieren kann, ist, dass ich lerne, mein Leben nach immer mehr biblischen Büchern auszurichten." Mit dieser Aussage gab ich zu, dass ich meinen Willen immer mehr unter die Schrift stellen muss. Und wissen Sie was? Es ist wirklich schwer, sich dem Wort Gottes auszuliefern, wenn man es gar nicht kennt.

Ich befürchte, dass viele Christen die Bibel meiden, weil sie lieber *nicht* wissen wollen, was von ihnen verlangt wird. Sie leben lieber in Unwissenheit und auf ihre eigene Art und Weise. Vielleicht trifft diese Beschreibung auf Sie zu, weil Sie sich vor dem Wort Gottes scheuen und lieber Ihren eigenen Willen durchsetzen. Vielleicht denken Sie wie andere: „Warum sollte ich Gottes Willen besser kennenlernen? Was, wenn er das Gegenteil von meinem ist?" In diesem Fall entstünde ein Konflikt zwischen beiden Willen und in Ihnen kämen vorsätzliche Zweifel auf. Daher ist es für manche Menschen einfacher, Gottes Wort zu meiden, statt sich dieser Herausforderung zu stellen. Gottes Schubser können provozierend sein. Wie eine Belästigung. Aber wir müssen erkennen, dass seine Schubser und Impulse nur seine *heilige Einladung* an uns sind, ihm näher zu kommen. Freuen Sie sich über die Einladung.

Bei der Heiligung eines Christen geht es darum, Jesus immer ähnlicher zu werden. Und die Bibel ist das Handbuch, das uns zeigt, wie man das erreicht. Tatsächlich war Jesus der Einzige, der die ganze Schrift erfüllte. Mehr als das, er verkörperte die Schrift. Lebte sie. Wandelte darin und lehrte sie. Jesus ist das Wort Gottes – das fleischgewordene Wort. Und genau da findet echte Veränderung statt. Dort erlebt man eine Metamorphose. Das ist wahre Lebenserfüllung, denn es entsteht eine neue Schöpfung. Unser Ziel ist, *ihm* ähnlich zu werden.

Bei der Heiligung eines Christen geht es darum,
Jesus immer ähnlicher zu werden.
Und die Bibel ist das Handbuch, das uns zeigt,
wie man das erreicht.

Das Problem ist, dass der vorsätzliche Zweifler sich quält, während er gleichzeitig Gott infrage stellt. Jesus zeigte vorbildlich, wie man sein Leben Gott übergibt, als er im Garten Gethsemane aufschrie: „Vater, wenn du willst, nimm diesen Kelch von mir weg – doch nicht mein Wille, sondern der deine geschehe!“[10] Der Aufschrei des vorsätzlichen Zweiflers könnte sein: „Nicht dein Wille, sondern mein Wille geschehe.“

In seiner großen Bergpredigt lehrte Christus uns, zu beten: „Dein Reich komme; dein Wille geschehe, wie im Himmel so auch auf Erden.“[11]

Genau darum geht es im Leben eines Christen. Dass wir Gottes Wille tun und sagen: „Dein Reich komme, dein Wille geschehe.“ Indem wir uns Gott hingeben.

Wie aber können wir uns dem Willen Gottes ausliefern? Wie ordnen wir uns unter? An dieser Stelle möchte ich einen kleinen Ratschlag geben, wenn Sie wieder mit dem eigenen Willen zu kämpfen haben.

Erstens: Seien Sie ehrlich mit Gott. Sagen Sie ihm, warum Sie damit zu kämpfen haben, Ihren Willen dem seinen unterzuordnen. Jesus zeigte seinem Vater vorbildlich diese tiefe Verletzlichkeit und Sie können das auch. Wenn Sie innerlich mit sich ringen, dann beten Sie ganz offen und ehrlich. Ich habe mal Folgendes gehört: „Bei der Hälfte aller Gebete geht es darum, unseren Willen aus dem Weg zu räumen.“ Aber warum ist er uns überhaupt im Weg? Reden Sie mit Gott darüber. Lassen Sie sich von ihm im Gebet leiten.

Zweitens: Bitten Sie Gott, dass er Ihnen Kraft, Mut und Weisheit schenkt, Ihren Willen dem seinen unterzuordnen. Manchmal sind unsere Wünsche so stark, dass sie dem Willen Gottes zuwiderlaufen. Und das macht es unheimlich schwer, sich zu unterzuordnen. Wir sind verwirrt und stecken irgendwie fest.

Der unglücklich verheiratete Mann kann nicht aufhören, an seine Sekretärin zu denken, die ihn anscheinend mag. Das Gefühl ist so stark und wunderbar, und er kann sich nicht vorstellen, sich von ihr abzuwenden. Doch dann meldet sich die innere Stimme. Und was sagt sie? „Tu es nicht. Gib auf. Vertraue mir, das ist es nicht wert, du wirst dein Leben zerstören.“ Dieser Kampf quält ihn sehr. Er fühlt sich wie gelähmt. Er ringt mit sich und sagt: „Aber Gott, das verstehst du nicht.“

Doch Gott versteht alles.

Er ist Gott. Und wenn es ums Verstehen geht, dann denke ich, dass Gott uns überlegen ist. Das sollte uns ein Trost sein. Das Leben besteht aus vielen schwierigen Entscheidungen. Aber niemand kann uns diese Entscheidungen abnehmen. Gott hat uns durch den Heiligen Geist die Freiheit *und* die Fähigkeit geschenkt, diese schweren, täglichen Entscheidungen zu treffen. Fassen Sie Mut; Gott wird uns die Kraft geben, die wir brauchen, um seinen Willen zu tun. So wie Paulus an die Philipper schrieb: „Alles vermag ich in dem, der mich kräftigt.“[12] Wenn Paulus, angekettet im Gefängnis, überwinden konnte, dann können wir das auch. Derselbe Gott gibt auch uns Kraft.

Fassen Sie Mut; Gott wird uns die Kraft geben,
die wir brauchen, um seinen Willen zu tun.

Drittens: Wenn Sie sich einmal Gott hingegeben haben, bleiben Sie dabei. In dem Brief an die Römer sagt der Apostel: „Ich ermahne euch nun, Brüder, durch die Erbarmungen Gottes, eure Leiber darzustellen als ein lebendiges, heiliges, Gott wohlgefälliges Opfer, was euer vernünftiger Gottesdienst ist."[13] Sie haben wahrscheinlich schon mal das Sprichwort gehört: „Das Problem mit den lebendigen Opfern besteht darin, dass sie vom Altar herunterkriechen." Ist das denn nicht wahr? Wir übergeben Gott unseren Willen und denken dann: *Aber wenn ich es mir recht überlege* ... Doch bei Gott gibt es kein *aber*, nachdem wir ihm unseren Willen übergeben haben. Wir müssen die Entscheidung treffen, auf dem Altar zu bleiben und Gott zu vertrauen, dass er uns auf seinem Weg führt.

ZWEIFEL, DIE BEWEISE FORDERN

Die letzte Facette des Zweifels ist der Zweifel, der Beweise einfordert. Der Mensch, der diese Zweifel äußert, könnte zum Beispiel sagen: „Gibt es ausreichend Beweise für die Wahrheit des christlichen Glaubens? Wie kann ich wissen, dass die Beweise nicht manipuliert sind? Wie kann ich mich durch all die widersprüchlichen Beweise der Kirchengeschichte durcharbeiten, bis ich weiß, was wahr ist? Und wird der christliche Glaube im Laufe der Zeit nicht problematischer? Gab es nicht im Laufe der 2000-jährigen Kirchengeschichte immer mehr Menschen, die den Weg zur Wahrheit vergiftet haben? Wie kann ich dann wissen, welcher Quelle ich vertrauen soll, wenn sich etliche widersprechen? Können wir überhaupt davon überzeugt sein, dass unser Glaube vernünftig und glaubwürdig ist, da doch die Entstehung der Bibel so weit in der Vergangenheit liegt? Wann ist genug wirklich genug? Wann ist mein Suchprojekt abgeschlossen?"

Und so weiter und weiter. Der Zweifler, der Beweise fordert, sammelt Fragen wie ein Strandgutsammler Muscheln.

Und wie das vor ihm liegende Meer scheinen die Fragen endlos und nie versiegend zu sein.

Der Zweifler, der Beweise fordert, sammelt Fragen
wie ein Strandgutsammler Muscheln.

Wenn Ihre Zweifel diese Facette aufweisen, dann sollten Sie das nächste Mal, wenn die Fragen Sie überwältigen, innehalten und an ein paar Dinge denken.

Erstens: Jedes Glaubenssystem wirft Fragen auf. Fragen zu stellen gehört zur Menschheitsgeschichte. Wir sind vernünftige Wesen, die denken, reflektieren, sich weiterentwickeln, und wir kämpfen uns durch unser Leben, um die Wahrheit besser kennenzulernen. Die eigentliche Frage jedoch ist: Welches Glaubenssystem hat die besten Antworten auf die schwierigen Fragen des Lebens? Der christliche Glaube stellt sich erfolgreich dieser Herausforderung.

Zweitens: Es ist klar, dass wir nicht allwissend werden können, daher sollten wir gar nicht erst danach streben. Es wäre Zeitverschwendung und vergebliche Mühe. Wir müssen nicht jede einzelne Muschel sammeln, um zu verstehen, was Muscheln sind.

Drittens: Nur weil wir nicht allwissend sind, heißt das nicht, dass wir zu einem vom Agnostizismus geprägten Leben verurteilt sind. Es ist schon in Ordnung, dass wir in Bezug auf manche Dinge agnostisch (unwissend, ohne wahre Erkenntnis) sind, aber das muss nicht auf alle Bereiche zutreffen. Sogar der Agnostiker glaubt an manche Dinge.

Es ist schon in Ordnung, dass wir in Bezug auf manche Dinge
agnostisch (unwissend, ohne wahre Erkenntnis) sind,
aber das muss nicht auf alle Bereiche zutreffen.

Viertens: Auch wenn der christliche Glaube nicht alle unsere Fragen beantworten kann, hat er doch Antworten auf die wesentlichen Fragen des Lebens. Fragen nach der Existenz Gottes, der Auferstehung Jesu, der Entstehung der Gemeinde und viele andere relevanten Fragen über unseren Glauben können für den Suchenden hinreichend stichhaltig beantwortet werden.

Fünftens: Auf unserer Suche nach der Wahrheit sollten wir nicht auf einer Alles-oder-Nichts-Lösung bestehen. Eine Gefahr bei evangelikalen Strömungen ist eine gewisse Unnachgiebigkeit, die keinen Raum für Geheimnisse, Neugier, Doppeldeutigkeit und theologische Diskussionen lässt. Sie behaupten: „Der reife Christ ist jemand, der alle unverständlichen Teile des Puzzles zusammenfügen kann" und sie kritisieren uns, wenn wir nicht mit allen ihren Lehrmeinungen übereinstimmen.

Das Problem ist, wenn wir nachdenkliche Menschen sind, werden wir unser Leben lang bestimmte Glaubenslehren hinterfragen und versuchen, sie zu verstehen. Das bedeutet nicht, dass mit uns etwas nicht stimmt. Es bedeutet nur, dass wir nachdenken. Und wenn wir die Zweifel, die aus diesen Überlegungen entstehen, unterdrücken, dann unterdrücken wir das Denken. Wir wollen aber Zweifel nicht unterdrücken. Stattdessen sollten wir unsere Zweifel besser ans Licht bringen und analysieren, damit sie verarbeitet werden und den richtigen Platz einnehmen können.

Ich habe genug von der Aussage bestimmter evangelikaler Strömungen: „Denke nicht nach, glaube nur." Das hat der Kirche keine guten Dienste geleistet. Nur, weil wir denken können, können wir auch glauben. Gott ignoriert nie unseren Verstand, um unser Herz zu erreichen. Er gab uns die Fähigkeit, zu denken, vernünftig zu urteilen und nachzuforschen. Und aufgrund der Beweise, die er bereitstellt, können wir voller Zuversicht glauben.

Gott ignoriert nie unseren Verstand,
um unser Herz zu erreichen.
Er gab uns die Fähigkeit, zu denken,
vernünftig zu urteilen und nachzuforschen.

Haben Sie also keine Angst vor Spannungen in Ihrem Glauben oder dass Sie nicht alles vollkommen verstehen. Fürchten Sie sich auch nicht vor der Zuversicht und Klarheit, die entstehen können, wenn Sie sich durch das Labyrinth des Zweifels gekämpft haben. Es *gibt* Dinge, die wir mit felsenfester Gewissheit wissen können.[14]

Diese „nicht denken, nur glauben"-Mentalität hat eine faule Schicht von Christen erzeugt, die von etwas oft eine hohe Meinung haben, aber geringes Urteilsvermögen und mangelnde Erkenntnis zeigen. Wenn diese Christen auf bedrohliche Fragen stoßen, beten sie als Reaktion darauf einfach nur lauter. Sie sind defensiver und reagieren arroganter. Gegenüber ihren eigenen theologischen wunden Punkten bleiben sie jedoch oft blind.

Nur nebenbei bemerkt: Kennen wir nicht alle die Geschichte *Des Kaisers neue Kleider*?

DER BLICK AUF DAS GROSSE GANZE

Wenn ich mit Zweifeln zu kämpfen habe, die Beweise fordern, halte ich inne und mache mir alle Beweise bewusst, die wir schon haben. Wir können so sehr vom Weg abkommen, bis wir vollkommen orientierungslos sind. Wenn das passiert, sollten wir uns lieber auf die reichlich vorhandenen Beweise konzentrieren, als unsere ganze Aufmerksamkeit auf etwas zu richten, was wir *nicht* haben. Für mich ist es tröstlich zu wissen, dass unser Glaube philosophisch, wissenschaftlich und geschichtlich begründet ist.

Zum Beispiel weisen alle teleologischen, kosmologischen und moralischen Argumente auf Gottes Existenz hin. Nach dem *telelogischen* Argument zum Beispiel lässt der sichtbare Entwurf des Universums auf einen Designer schließen. Das wird deutlich, wenn man sich mit den faszinierenden Entdeckungen im Bereich der DNA, anderer komplexer Lebensformen und sogar des Universums selbst beschäftigt.

Für David, den Psalmisten, war die Schöpfung ein Indiz für die Existenz Gottes. Er schrieb: „Der Himmel erzählt die Herrlichkeit Gottes, und das Himmelsgewölbe verkündet seiner Hände Werk."[15] Außerdem schreibt Paulus an die Römer: „Weil das von Gott Erkennbare unter ihnen offenbar ist, denn Gott hat es ihnen offenbart. Denn sein unsichtbares Wesen, sowohl seine ewige Kraft als auch seine Göttlichkeit, wird seit Erschaffung der Welt *in dem Gemachten* wahrgenommen und geschaut, damit sie ohne Entschuldigung seien."[16]

Paulus schreibt diese Worte an jene, die ihren Glauben an Gott unterdrücken, um ihnen zu zeigen, dass es keine Entschuldigung dafür gibt, nicht an Gott zu glauben. Der einzige Grund, warum einige das nicht erkannt haben, ist, weil sie sich entschieden haben, die klaren und offensichtlichen Beweise für die göttliche Ordnung zu ignorieren. Die Beweise sind überall, wie mit Großbuchstaben an den Himmel geschrieben. Sie sind in der Schöpfung. Sie sind in Ihnen und mir. Die Beweise sind allgegenwärtig, wie ein Lied, in dem es unaufhörlich heißt: „Das alles ist kein Zufall."

Die Bibel bestätigt lediglich, was theistische Philosophen schon lange als Wahrheit erkannt haben: Gott existiert. Wenn wir mit der Frage beginnen: „Welche Beweise gibt es für die Existenz Gottes?", bekommen wir Gewissheit, indem wir uns mit diesen unterschiedlichen Beweisen vertraut machen.

Nach Betrachtung der philosophischen Beweise für Gottes Existenz beachten Sie auch die *historischen* Beweise für das Leben, den Tod, das Begräbnis und die Auferstehung Jesu. Die Folgen der Auferstehung sind gewaltig. Tatsache ist, dass der christliche Glaube davon abhängt.[17] Der Beweis für die Auferstehung wird bekräftigt, wenn wir begreifen, welche Auswirkungen das leere Grab, Jesu Erscheinung nach der Auferstehung und das Entstehen der ersten Gemeinde hatten. Wie sonst lässt sich die Verwandlung der angstvollen Jünger Jesu erklären, die Jesus während seines irdischen Lebens verlassen hatten? Warum würden sie für Jesus sterben, wenn die Auferstehung kein historisches Ereignis war? Sie haben etwas gesehen. Sie haben *ihn* gesehen. Und zwar lebend.

Für uns Christen steht und fällt die Echtheit unseres Glaubens mit der Auferstehung. Ohne sie haben wir nur eine schöne Geschichte von einem guten Mann, der tragisch endete. Aber angesichts der überwältigenden Beweise kann ich die Auferstehung einfach nicht wegerklären. Ich habe es sogar versucht – nicht weil ich sie widerlegen wollte, sondern nur, weil ich die Kraft der Argumente prüfen wollte. Ich wurde technisch k.o. geschlagen.

Für uns Christen steht und fällt die Echtheit unseres Glaubens mit der Auferstehung.

Die Auferstehung besiegelt meinen Glauben. Und von diesem Ereignis kann ich wieder auf den irdischen Dienst Jesu zurückkommen und meiner Bibel vertrauen, weil Jesus die Echtheit der Schrift bestätigte. Wenn die Auferstehung stattgefunden hat, dann ist Jesus tatsächlich Gott, weil er genau das behauptete, und die Auferstehung wiederum ist der Beweis für diese Behauptung. Und wenn er Gott ist, dann ist das Wort Gottes wahr, weil er davon überzeugt war. In diesem Sinne löst die Wahrheit einen Dominoeffekt aus, bei der sich eine Wahrheit – wie bei einer Kettenreaktion – auf eine weitere auswirkt.

Aber das ist noch nicht alles. Denn Jesus prophezeite auch das Kommen des Heiligen Geistes, der seine Nachfolger in aller Wahrheit leiten sollte. Es gibt so viel, worüber ich hier sprechen könnte. Aber der springende Punkt ist, dass meine Zweifel kleiner werden, wenn ich darüber nachdenke, dass Jesus selbst die Bibel bestätigte.[18] Er bestätigte die Historizität, die Wunder, die Gesetze und die Propheten, und dass er selbst der verheißene Messias ist, der die Schrift erfüllt.

Jetzt bin ich wieder bei der Bibel angelangt. Wieder dort, wo ich mich oft in Einzelheiten verliere. Dort, wo ich angefangen habe. Weil ich jedoch an Jesus glaube und Jesus an die Bibel glaubte, kann ich ihm vertrauen. Alle bibelgläubigen Christen glauben der Bibel, und zwar zum Teil aufgrund der überzeugenden Beweise, und zum Teil aufgrund ihres Vertrauens, dass, wenn Jesus an die Bibel glaubte, sie das auch können.

Für manche Aussagen der Bibel, wie die Auferstehung, haben wir außerbiblische Beweise. Diese Beweise untermauern unseren Glauben an die Bibel. Und dann gibt es andere Geschichten, wie die über Jona und den Fisch, die sich ziemlich fantastisch anhören … trotzdem bestätigte Jesus sie. Und weil er die Wahrheit der Schrift bestätigt, können wir diese Bibelstellen annehmen, obwohl sie sich so absurd oder unglaublich anhören. Daher ziehe ich den Schluss: Wenn Jesus mit seinem ersten Kommen das Alte Testament in allen Teilen bestätigte, dann wird er mit seinem zweiten Kommen auch das Neue Testament bestätigen. Ich verlasse mich auf die Bibel, die sich als verlässlich erwiesen hat und die unser Vertrauen verdient hat.

In diesem Kapitel haben wir vier verschiedene Facetten des Zweifels betrachtet. Im nächsten Kapitel untersuchen wir die *Wurzel* des Zweifels in Bezug auf Satan und den geistlichen Kampf. Man könnte es sogar die „fünfte Facette“ nennen, da der geistliche Zweifel auch eine Facette des Zweifels darstellt. Aber er ist mehr als eine Facette. Es handelt sich um eine Wurzel, die wir ausgraben müssen, um sie zu verstehen.

REFLEXIONEN ÜBER DEN ZWEIFEL

- Der Zweifel ist wie ein facettenreicher Diamant.
- Gott ignoriert nie unseren Verstand, um unser Herz zu erreichen.
- Wir sollten die Wissenschaft nicht über unsere Beziehung zu Gott stellen.
- Es gibt nichts, was den einst lebendigen Glauben eines Christen mehr lähmt als der emotionale Zweifel.

FRAGEN ZUM NACHDENKEN UND ZUR WEITEREN DISKUSSION

1. Was fiel Ihnen in diesem Kapitel am meisten auf?
2. Zweifel, die Beweise fordern, können sich wie ein Ringkampf mit Gott anfühlen. Bobby sagt: „Der Aufschrei des vorsätzlichen Zweiflers könnte lauten: ‚Nicht dein Wille, sondern *mein* Wille geschehe.'" Können Sie ein Beispiel erzählen, wo Sie sich dem Willen Gottes ausgeliefert haben?
3. Bobby nennt vier Facetten des Zweifels. Fallen Ihnen noch andere Facetten ein?
4. Welche Facette des Zweifels macht Ihnen am meisten zu schaffen?
5. Bobby sagt: „Hinter den emotionalen Zweifeln lauert unterschwellig eine ganze Palette verborgener Emotionen." Warum ist es so wichtig, diese verdeckten Gefühle zu identifizieren?
6. Wenn Jesus von den Toten auferstanden ist, dann ist der Fall klar. Glauben Sie das? Das heißt, glauben Sie, dass mit der Auferstehung Jesu alles steht und fällt? Wenn ja, wie kann der Glaube an die Auferstehung Ihnen helfen, Ihre Zweifel zu beschwichtigen?

7.

Die Wurzel des Zweifels

„Der Zweifel ist hinterlistig und clever, aber niemals, wie manchmal gesagt wird, laut oder aufsässig. Er ist unaufdringlich und schüchtern, nicht frech und selbstbewusst – und je unaufdringlicher er ist, desto gefährlicher ist er."
Sören Kierkegaard

„Es ist nicht leicht, immer den Glauben zu bewahren, besonders jedoch in der Welt, in der wir leben. Manche unter uns haben in jeder Phase ihres Lebens Mühe mit ihrem Glauben und sie müssen herausfinden, wie es wäre, ohne Glauben zu leben und wenn es tatsächlich so wäre, ob man letztendlich ohne Glauben leben könnte oder nicht."
Flannery O'Connor

Ich habe mal eine gruselige Geschichte über eine Dame gehört, die sich um ihr Haustier, eine Schlange, Sorgen machte. Die zwei Wörter, *Haustier* und *Schlange*, passen eigentlich nicht zusammen. Ich hasse Schlangen. Indiana Jones hat sie vielleicht verabscheut, ich aber noch viel mehr. Auf jeden Fall sprechen wir hier nicht über eine niedliche Gartenschlange, sondern über eine große, lange Pythonschlange. Und warum war die Dame so besorgt? Anscheinend wollte die arme Schlange nichts essen, also fragte sie ihren Tierarzt um Rat.

„Schläft die Schlange bei Ihnen?", fragte der Tierarzt.

„Komisch, dass Sie mich das fragen", sagte die Dame. „Ja, meine Schlange schläft tatsächlich bei mir." (Ist das nicht unglaublich?)

„Ihre Schlange isst deswegen nichts", sagte der Tierarzt, „weil sie abschätzt, wie groß Sie sind, während sie absichtlich hungert und auf einen günstigen Moment wartet, um Sie zu fressen."

Da bekommt der Ausdruck „mit dem Feind schlafen" gleich eine ganz andere Dimension.

Satan will nichts anderes,
als uns und unseren Glauben zu vernichten.

Ob diese Geschichte nun wahr ist oder nicht, auch wir werden von einer Schlange (Satan) beobachtet, die uns besser kennt als wir uns selbst. Satan will nichts anderes, als uns und unseren Glauben zu vernichten. Genau darum ermahnt uns Petrus so sehr: „Seid nüchtern, wacht! Euer Widersacher, der Teufel, geht umher wie ein brüllender Löwe und sucht, wen er verschlingen kann."[1]

Wir Christen befinden uns mitten in einem Krieg. Es ist ein *geistlicher* Krieg. Und dieser Krieg ist schwer zu durchschauen. Weil es ein Krieg ist, der in einer unsichtbaren Welt stattfindet. Der Apostel Paulus schrieb: „Denn unser Kampf ist nicht gegen Fleisch und Blut, sondern gegen die Gewalten, gegen die Mächte, gegen die Weltbeherrscher dieser Finsternis, gegen die geistigen Mächte der Bosheit in der Himmelswelt."[2]

Wir müssen mit unseren Zweifeln wie mit Angriffen des Feindes an vorderster Front umgehen.

Das bedeutet, dass wir mit unseren Zweifeln wie mit Angriffen des Feindes an vorderster Front umgehen müssen. Satan und seine dämonischen Heerscharen sind alles andere als Karikaturen in roten Anzügen mit einer Mistgabel in der Hand, sondern mächtige Geistwesen. Ihr gemeinsames, trügerisches Ziel ist es, *unseren Glauben zu zerstören*. Ich kann das nicht genug betonen. Der Satan stachelt unsere Zweifel so lange an, bis sie uns so fest im Griff haben, dass wir nicht mehr glauben können.

DER AUFTRITT SATANS

Wenn wir es mit Satan zu tun haben, sollten wir ihn weder überbewerten noch auf die leichte Schulter nehmen. C. S. Lewis erinnert seine Leser im Vorwort seines Buches *Dienstanweisung für einen Unterteufel* daran, bezüglich der dämonischen Welt zwei Fehler zu vermeiden:

> Es gibt zwei Irrtümer über die Teufel, in die das Menschengeschlecht leicht verfällt. Der eine ist, ihre Existenz überhaupt zu leugnen. Der andere besteht darin, an sie zu glauben und sich in übermäßiger und ungesunder Weise mit ihnen zu beschäftigen. Die Teufel selbst freuen sich über beide Irrtümer gleichmäßig. Sie begrüßen den Materialisten wie den Anhänger der schwarzen Magie mit demselben Vergnügen.[3]

Wie wahr diese Aussage doch ist. Für manche Menschen lauert hinter jedem Busch ein Teufel. Andere wiederum glauben nicht an eine dämonische Welt. Sie halten sie für einen Aberglauben. Anstatt dieser zwei Extreme sollten wir Satan lieber richtig einzuschätzen. Und das fängt damit an, ihn besser kennenzulernen.

Die Bibel beschreibt Satan als einen geschaffenen Engel, der zusammen mit einem Drittel der Engel gegen Gott rebellierte. Seit dieser Zeit stehen Satan und die gefallenen Engel (auch bekannt als Dämonen) in vollständiger Rebellion gegen Gott und greifen alles an, was Gott repräsentiert. Satan ist keineswegs Gott gleich. Er ist vielmehr ein geschaffenes Wesen mit Grenzen. Trotzdem ist er weitaus machtvoller und klüger und aufmerksamer, als wir uns überhaupt vorstellen können. Er ist eine Macht, die wir ernst nehmen müssen und über die wir uns nicht lustig machen sollten.

Satan ist eine Macht, die wir ernst nehmen müssen und über die wir uns nicht lustig machen sollten.

Lesen Sie mal, was die Bibel über ihn sagt und Sie werden sehen, dass er finster, böse, verächtlich und kriminell ist. Paulus nennt ihn den „Gott dieser Welt", der „den Ungläubigen [...] den Sinn verblendet hat, damit sie den Lichtglanz des Evangeliums von der Herrlichkeit des Christus, der Gottes Bild ist, nicht sehen."[4] Jesus sagte über Satan, dass er ein „Lügner und der Vater derselben" sei.[5] Matthäus nennt ihn „den Versucher".[6] Er wird sogar beschrieben als jemand, „der den ganzen Erdkreis verführt".[7]

Glücklicherweise ist sein Ende vorherbestimmt. Die Bibel sagt, dass sein Schicksal bereits besiegelt ist, und dass er am Ende dieses Zeitalters auf ewig in den Feuer- und Schwefelsee geworfen wird.[8] Bis es soweit ist, plant er, die christliche Gemeinde und Sie und mich zu vernichten. Geben Sie also acht.

„HAT GOTT GESAGT?"

Satans tiefer Hass gegen das Menschengeschlecht begann mit dem ersten Menschenpaar: Adam und Eva. Dort im Garten Eden versuchte die Schlange, Evas Glauben zu zerstören und Zweifel zu säen, indem sie die Frage stellte: „Hat Gott wirklich gesagt?"[9]

Es entwickelte sich eine fürchterliche Tragödie,
denn Satan verführte Eva dazu, an Gottes Wort zu zweifeln,
bis daraus Unglaube wurde.

Wenn Sie ein Zweifler sind, fällt es Ihnen bestimmt schwer, an eine sprechende Schlange zu glauben. Ich verstehe das. Es ist wirklich merkwürdig. Aber es gibt viele hilfreiche Auslegungen zu diesem Thema. Hier ist nicht der Ort dafür, sondern wir wollen lieber die größeren Zusammenhänge betrachten. Es entwickelte sich eine fürchterliche Tragödie, denn Satan verführte Eva dazu, an Gottes Wort zu zweifeln, bis daraus Unglaube wurde. Während sie mit der Schlange sprach, begegnete sie dem Inbegriff des Bösen, dem Anti-Gott. Lesen Sie selbst die Verse, weil Sie hier die Wurzel des Zweifels entdecken werden. In 1. Mose 3 lesen wir:

> Und die Schlange war listiger als alle Tiere des Feldes, die Gott, der HERR, gemacht hatte; und sie sprach zu der Frau: Hat Gott wirklich gesagt: Von allen Bäumen des Gartens dürft ihr nicht essen? Da sagte die Frau zur Schlange: Von den Früchten der Bäume des Gartens essen wir; aber von den Früchten des Baumes, der in der Mitte des Gartens steht, hat Gott gesagt: Ihr sollt nicht davon essen und sollt sie nicht berühren, damit ihr nicht sterbt! Da sagte die Schlange zur Frau: Keineswegs werdet ihr sterben! Sondern Gott weiß, dass an dem Tag, da

> ihr davon esst, eure Augen aufgetan werden und ihr sein werdet wie Gott, erkennend Gutes und Böses. Und die Frau sah, dass der Baum gut zur Speise und dass er eine Lust für die Augen und dass der Baum begehrenswert war, Einsicht zu geben; und sie nahm von seiner Frucht und aß, und sie gab auch ihrem Mann bei ihr, und er aß. Da wurden ihrer beider Augen aufgetan, und sie erkannten, dass sie nackt waren; und sie hefteten Feigenblätter zusammen und machten sich Schurze.[10]

Diese Verse sind tragisch und so verheerend, dass sie jenseits unserer Vorstellungskraft liegen. Lassen Sie sich nicht von dem Gedanken hereinlegen, dass die ganze menschliche Rasse für immer zunichte gemacht wurde, nur weil die erste Frau ein wenig Obst genascht hatte. Dann würden wir den Wald vor lauter Bäumen nicht sehen. Es ist viel mehr als das. Es hat nichts mit der Frucht zu tun. Es geht um ein Herz, das gegen Gott rebellierte und sich auf die Seite Satans schlug. Es ist eine Geschichte über das Zweifeln, das im Unglauben endete. Eine Erzählung über Betrug und Täuschung; darüber, dass wir unsere Wünsche über die Wünsche Gottes stellen und Gottes Wort ablehnen, damit wir unseren eigenen Weg gehen können.

SATANS TAKTIK, UM UNS ZU VERSCHLINGEN

Mit diesem Wissen wollen wir nun herausfinden, welche Schätze in dieser alten Erzählung vergraben sind – einige echte Lektionen fürs Leben, die uns im Kampf gegen Zweifel helfen können. Wir wollen zuerst Satans Taktiken kennenlernen, mit denen er unseren Glauben ins Wanken bringt und uns verschlingen will.

Wir müssen Satans Taktiken kennenlernen, mit denen er unseren Glauben ins Wanken bringt und uns verschlingen will.

Erstens: Satan verdreht mit großer List das Wort Gottes. Der alttestamentliche Gelehrte Bruce Waltke sagt: „Satans List zeigt sich darin, dass er das Wort Gottes gerissen verfälscht. Der Widersacher spricht schlau und raffiniert, wie ein gefälliger engelhafter Theologe."[11] Der Apostel Paulus bestätigt ebenso Satans List, als er sagt: „Der Satan selbst nimmt die Gestalt eines Engels des Lichts an."[12] Er gibt sich nicht zu erkennen. Er sagte nicht zu Eva: „Hey, ich hasse Gott und alles, was mit ihm zu tun hat, und meine Mission ist, ihn zu übertrumpfen. Machst du mit?" Nein, er ist viel berechnender. Er reagiert nicht einfach, sondern hat alles einstudiert. Er ist nicht impulsiv, sondern vorsätzlich. Er kennt seinen Schlachtplan und will Sie dafür gewinnen und Sie hereinlegen. Er ist so klug wie eine Schlange und bei weitem nicht so harmlos wie eine Taube.

Richard Baxter, ein puritanischer Pfarrer aus dem 17. Jahrhundert, schreibt:

> Der Teufel ist ein größerer Gelehrter als ihr, und ein gewandterer Streitkünstler; er kann sich in einen Engel des Lichts verstellen: er sitzt euch auf den Fersen, er ist schon in euch selbst, ehe ihr es gewahr werdet, er macht seine Taschenspielerkünste euch vor, und betrügt euch um euren Glauben und eure Herzensreinheit ... Weder Angelschnur noch Haken, viel weniger den geschickten Angler selbst, sehet ihr, wenn er euch schon seinen Köder zu testen gibt. Und dieser Köder passt so ganz und gar für euer Temperament und eure Neigung, dass er sicherlich den Weg in euch hinein zu finden weiß und daher noch eure eigenen Grundsätze und Neigungen zu Bundesgenossen hat. Und wenn er dann euch ins Verderben gezogen hat, dann braucht er euch sicherlich auch, um andere ins Verderben zu ziehen.[13]

Das ist beängstigend. Und geplant. Aber so handelt Satan. Und darum müssen wir auf der Hut sein.

Zweitens: Die Zweifel kommen oft dann, wenn wir sie am wenigsten erwarten. Eva war nicht auf der Suche nach Zweifeln. Aber vielleicht war sie sehr neugierig und kämpfte mit sich: „Warum kann ich mir nicht einen kleinen Happen von dem alten Baum nehmen?“ Wir wissen es nicht. Aber wir wissen, dass die Begegnung mit dem unerwarteten Eindringling in ihrem Garten Eva verzaubert hatte. Rückblickend bin ich mir sicher, dass sie dachte: *Wie konnte das so schnell passieren? Wie konnte ich so blind sein? So getäuscht werden? So hintergangen?*

Das Gleiche trifft auf uns zu. In einem Moment ist alles paradiesisch und im nächsten hinterfragen wir Gottes Wort. So kann es im Leben sein. Und das ist anstrengend. Satan pflanzt die Frage „Hat Gott wirklich gesagt?“ in unseren Verstand, wo sie ganz schnell Wurzeln schlägt. Diese Frage „Hat Gott wirklich gesagt?“ kann wie aus heiterem Himmel kommen. Daher dürfen wir als Gläubige unseren geistlichen Schutz nicht ablegen.

Satan pflanzt die Frage „Hat Gott wirklich gesagt?“
in unseren Verstand, wo sie ganz schnell Wurzeln schlägt.

Auch ich habe diese „Hat Gott wirklich gesagt?“-Momente erlebt. Kürzlich fuhr ich meinen Sohn Dawson in die Schule. Es war ein Tag wie im Paradies. Als wir an einem alten Friedhof vorbei fuhren, spürte ich plötzlich, wie die alte Schlange flüsterte: „Glaubst du *wirklich*, dass die Toten eines Tages aus diesen Gräbern herauskommen werden?“[14] Ich habe mir einmal diese Szene bildlich vorzustellen versucht, und da hatte ich den Gedanken: *Das ist schon komisch, oder?* Für meinen modernen Verstand klingt es ziemlich abwegig. Wie aus dem Nichts wühlte mich dieser Gedanke innerlich auf. Der intellektuelle

Zweifel verwandelte sich in einen emotionalen Zweifel. Ich fiel aus dem Paradies geradewegs in die Grube.

Ich spürte, wie die alte Schlange flüsterte: „Glaubst du *wirklich*, dass die Toten eines Tages aus diesen Gräbern herauskommen werden?"

Ich musste in der Bibel forschen und einräumen, dass ich – auch wenn ich nicht alles ganz verstehe – trotzdem immer noch glaube. Natürlich wünsche ich mir, dass alles in der Bibel absoluten Sinn macht, aber im Diesseits tut es das nicht. Darum glaube ich, dass Gott – da er unseren Körper geschaffen hat – bei der Auferstehung selbstverständlich einen neuen erschaffen kann.

Aber genauso kann uns der Satan durcheinander bringen. Und ehe wir uns versehen, haben uns die Zweifel voll im Griff und verursachen Angst und Unbehagen. Ein Blick auf den Friedhof reicht und wir sind nicht mehr gelassen, sondern emotional erschüttert. Und genau in diesem Moment führt uns der Zweifel entweder in die eine Richtung oder in die andere. Entweder zum Glauben oder zum Unglauben. Deswegen müssen wir wachsam sein.

Drittens: Satan überredet uns, an Gottes Güte zu zweifeln. Er will uns einreden, dass Gott uns hinhalte und uns die guten Dinge des Lebens nicht gönne. Genau das tat er mit Eva, als er sagte: „Keineswegs werdet ihr sterben! Sondern Gott weiß, dass an dem Tag, da ihr davon esst, eure Augen aufgetan werden und ihr sein werdet wie Gott, erkennend Gutes und Böses."[15]

Satan verdreht Gottes Wort total. Adam und Eva sollten den Baum der Erkenntnis des Guten und Bösen meiden, *nicht,* weil Gott ihnen etwas vorenthalten, sondern weil er sie *beschützen* wollte.[16]

Satan tritt als netter Kerl auf, und Eva fällt auf ihn rein. Ebenso Adam. Laut der Bibel stand Adam untätig neben Eva, als diese verführt wurde.[17] Er erinnerte Eva nicht daran, was Gott *wirklich* gesagt hatte. Weder beschützte er sie, noch belehrte oder kämpfte er für sie.

Der Sündenfall war eine gemeinsame Entscheidung. Eine Teamentscheidung. Adam war daran beteiligt. Beide gaben der Versuchung nach. Eva und ihr Mann wurden vom Wissensdurst und dem Wunsch nach persönlicher Erfüllung geködert. Es ist, als ob Adam gesagt hätte: „Ladies first", jedoch nicht aus Höflichkeit, sondern aufgrund hinterlistiger Feigheit. Sie konnten das Geheimnis des Nichtwissens nicht ertragen. Sie wollten ein kleines Aha-Erlebnis, und genau das bekamen sie. Sie wollten wie Gott sein, wollten wie er *Gewissheit* haben. Gottes einschränkenden Gesetzen zu gehorchen erschien ihnen dumm, also nahmen sie die Frucht und aßen. Das war der schrecklichste Augenblick der Geschichte und ein Ereignis, das bis heute unvergessen bleibt.

Viertens: Erkennen Sie, dass nicht unsere Umgebung geistliche Zweifel hervorbringt, sondern sie von innen kommen. Denken Sie mal darüber nach. Adam und Eva lebten in einer perfekten Umwelt, als dies alles passierte. Vielleicht denken wir: *Wenn ich doch nur ein besseres Leben oder bessere Rahmenbedingungen hätte, dann hätte ich keine Probleme.* Aber Zweifel, Sünde und Rebellion sind nicht das Produkt schlechter Umstände. Auch wenn wir in der Mojave-Wüste leben würden oder am Strand auf Tahiti, in den Schweizer Alpen oder in einer Stadt unserer Wahl, würden wir schnell merken, dass wir unseren Zweifeln nicht aus dem Wege gehen können. Denn unser Feind ist ein Handelsreisender, der uns überallhin folgt, um uns seine Lügen anzubieten. Hier ist noch ein Gedanke zum Nachgrübeln: Wenn Adam und Eva selbst im Paradies zweifeln konnten, wie viel mehr sind wir in einem verlorenen Paradies anfällig für Zweifel?

Schließlich will er unsere Liebe zu Gott zerstören, indem er uns mit Zweifeln erstickt.

Indem Satan Gottes Wort unterwanderte, löste er in Eva Zweifel aus, worauf sie sich fragte, ob Gott ihr etwas vorenthalten wollte. Sie war überzeugt, dass Gott ihr Leben einschränken wollte. Und als der Appetit der Rebellion sie erst einmal vergiftet hatte, war Satan am Ziel. Wie ein Meisterhypnotiseur will die große Schlange auch unser Vertrauen in Gottes Wort schwächen. Satan will unsere Theologie verdrehen, bis Gott in einem negativen Licht erscheint. Schließlich will er unsere Liebe zu Gott zerstören, indem er uns mit Zweifeln erstickt.

Fünftens: Satan zeigt uns niemals die Folgen, sondern nur die kurzfristigen fleischlichen „Vorteile". Er lenkt unsere Aufmerksamkeit auf die kurzfristige Erfüllung unserer Wünsche.

Nachdem Eva davon überzeugt war, dass Gott sie nur hinhalten wollte, warf sie noch einmal einen Blick auf den Baum: „Und die Frau sah, dass der Baum gut zur Speise und dass er eine Lust für die Augen und dass der Baum begehrenswert war, Einsicht zu geben; und sie nahm von seiner Frucht und aß, und sie gab auch ihrem Mann bei ihr, und er aß."[18]

Was war hier passiert? Adam und Eva hielten sich nicht an Gottes Wort, sondern gaben sich ihren Begierden, der „Lust für die Augen" hin, um schließlich „wie Gott" zu sein. Sie erkannten nicht, dass sie hereingelegt worden waren, und konnten die Folgen nicht abschätzen: „Da wurden ihrer beider Augen aufgetan, und sie erkannten, dass sie nackt waren; und sie hefteten Feigenblätter zusammen und machten sich Schurze."[19]

Ich bin überzeugt, dass Adam und Eva nach dem Sündenfall die unglücklichsten Menschen waren, die je gelebt haben. Sie wussten, dass sie nie mehr ins Paradies zurückkehren konnten. Sie traten aus dem Zustand der Vollkommenheit in einen Zustand der Unvollkommenheit, und wenn sie auf ihr bisheriges Leben zurückblickten, mussten sie ihre Entscheidung für immer tief bereuen. Diese einzige Entscheidung hatte alles verändert.

Wir jedoch bewegen uns aus dem Zustand der Unvollkommenheit in Richtung Vollkommenheit und wenn wir auf die Zeit zurückblicken, als wir Jesus noch nicht kannten, sehen wir die Veränderung in uns. Wachstum. Ein verändertes Leben. Wir können sagen: „Danke Gott, ich bin nicht mehr dieselbe Person wie damals." Wenn wir uns mit unserer eigenen Geschichte auseinandersetzen, gibt uns das Hoffnung. Adam und Eva erlebten Vollkommenheit, nur um sie zu verlieren. Wir waren anfangs unvollkommen, streben aber nach Vollkommenheit, die wir bei unserer Verherrlichung bekommen.

Sechstens: Wenn wir die Wahl haben, entweder Gottes Wort anzuzweifeln oder zu glauben, sollten wir uns immer für den Glauben entscheiden. Ich stelle mir vor, was Adam und Eva zu ihrer Rechtfertigung gesagt haben könnten: „Aber das macht doch keinen Sinn. Was für ein dummes, kleines Gebot. Was ist schon dabei, einen kleinen Happen vom Baum zu nehmen? Es ist doch nur ein Bissen." Und Schritt für Schritt wurden sie in ihren Augen immer weiser. Für sie schienen Gottes Wege absurd zu sein.

Wir dürfen sein Wort nicht verdrehen,
um es genießbarer zu machen.
Stattdessen empfangen wir die ganze Wahrheit Gottes,
sogar die Dinge, die uns zu schaffen machen.

Wenn wir jedoch einen Bissen von der verbotenen Frucht nehmen – wenn wir Gottes Wort schmälern, um unsere Wünsche zu rechtfertigen – dann beißt sie zurück. Wir müssen uns dafür entscheiden, dem Wort Gottes zu glauben, auch wenn es noch so unbedeutend erscheint. Wir dürfen sein Wort nicht verdrehen, um es genießbarer zu machen. Stattdessen empfangen wir die ganze Wahrheit Gottes, sogar die Dinge, die uns zu schaffen machen. Eva musste an jenem Tag eine Entscheidung treffen. Eine Entscheidung zwischen Glauben und Unglauben.

In seinem wunderbaren und doch erschütternden Buch *Eine harte Gnade* beschreibt Sheldon Vanauken, wie er erst am Ende ist, bevor er schließlich im Glauben zu Gott aufschauen kann. In einem Brief an C.S. Lewis schreibt er:

> Ich entscheide mich, an den Vater, den Sohn und den Heiligen Geist zu glauben – an Christus, meinen Herrn und meinen Gott. Der christliche Glaube klingt und fühlt sich wie die einzigartige Wahrheit an. Wie die *grundlegende* Wahrheit. Dadurch ist das Leben erfüllt und nicht mehr leer, bedeutungsvoll und nicht mehr bedeutungslos. Der Kosmos wird in seinem Kern wunderschön und ist nicht mehr so abschreckend hässlich unter der lieblichen Erhabenheit des Frühlings. Ich glaube jedoch, dass wir die Leere, die Sinnlosigkeit und die Hässlichkeit nur erkennen können, wenn wir einen flüchtigen Blick auf die Vollkommenheit, den Sinn und die Schönheit werfen konnten. Wenn wir *sowohl* den Himmel *als auch* die Hölle *gleichzeitig* gesehen haben, können wir nicht mehr zurück. Aber weiterzumachen scheint auch unmöglich zu sein. Ein flüchtiger Blick ist keine Vision. Eine Entscheidung ist notwendig: Und es gibt keine Gewissheit. Man kann sich nur für eine Seite entscheiden. Daher entscheide ich mich jetzt: Ich wähle die Schönheit; ich entscheide mich für das, was ich liebe. Sich jedoch für den Glauben zu entscheiden, *bedeutet, zu glauben*. Das ist alles, was ich tun kann: mich entscheiden. Ich bekenne meine Zweifel

und bitte meinen Herrn Christus, in mein Leben zu kommen ... Ich behaupte nicht, ohne Zweifel zu sein, aber ich bitte um Hilfe, diese Zweifel zu überwinden, indem ich sage: Herr, ich glaube – hilf meinem Unglauben.[20]

Sheldon, der mit seinen eigenen Zweifeln zu kämpfen hatte, entschied sich für den Glauben. Den Glauben an Gott. Den Glauben an sein Wort.

Siebtens: Wir müssen die verzerrte Wahrheit wieder richtigstellen, indem wir sie mit der vollkommenen Wahrheit bekämpfen. Wir können uns erst mit dem Wort Gottes schützen, wenn wir es auch kennen. Anstatt sich von Satan verführen zu lassen, hätten Adam und Eva ihn daran erinnern sollen, was Gott wirklich gesagt hatte. Stattdessen waren sie blind vor Begierde, und sie glaubten lieber einer Lüge als der Wahrheit.

Genau so versuchte Satan, Jesus in der Wüste zu Fall zu bringen. Als er ihn ansprach, verdrehte er die Wahrheit, aber Jesus konterte auf Satans Lügen mit der vollkommenen Wahrheit. Drei Mal wollte Satan Jesus zu versuchen, und jedes Mal antwortete der Herr: „Es steht geschrieben ... Es steht geschrieben ... Es steht geschrieben."[21]

Haben Sie jemals Maulwurf-Schlagen gespielt? In diesem Spiel geht es darum, Maulwürfe, die aus den Löchern kommen, mit einem Hammer wieder zurückzuschlagen. Je mehr Maulwürfe Sie schlagen, desto mehr Punkte bekommen Sie. Das Zurückschlagen von Zweifeln ist ein bisschen wie dieses Spiel. Sobald Sie einen Zweifel zurückgeschlagen haben, kommt ein anderer Zweifel hoch.

Das Zurückschlagen von Zweifeln ist ein bisschen, wie Maulwurf-Schlagen zu spielen.

Dieser ermüdende Prozess hat unzählige Zweifler unglaublich viel Kraft gekostet. Wir müssen mit Gottes Wahrheit so vertraut werden, dass wir Irrtümer sofort als solche erkennen können. Satan will uns eine Sonderausführung der Bibel geben. Er bezieht sich ständig auf die Schrift, aber er verändert sie nach seinem Geschmack und für seine Ziele. Und wenn wir eine Stimme hören, die fragt: „Hat Gott wirklich gesagt?“, dann sollten wir erkennen, dass wir getäuscht werden. Wir müssen uns gut vorbereiten, um die verzerrte Wahrheit mit der vollkommenen Wahrheit bekämpfen zu können.

Achtens: Wir sollten die Tatsache der unsichtbaren Welt nicht ignorieren. Sie ist real, gegenwärtig und machtvoll. Bevor ich in den Vollzeitdienst ging, durchlebte ich eine unvergessliche Zeit des geistlichen Kampfes. Es war, als würde man mich durch den Schrecken der unsichtbaren Welt schleifen, sodass ich ihre Existenz niemals mehr vergessen würde.

Bevor ich in den Vollzeitdienst ging, durchlebte ich eine unvergessliche Zeit des geistlichen Kampfes.

Nachdem ich meinen Appetit verloren und einige Kilos abgenommen hatte, hatte ich auch fast die Hoffnung aufgegeben, mich jemals wieder normal zu fühlen. Ich vereinbarte einen Termin in einem Krankenhaus, um herauszufinden, was mir fehlte. Ich erinnere mich daran, dass ich vor dem Termin Gott sagte, dass es mir egal sei, was ich hätte, ich wolle nur wissen, was es sei, damit ich mit der Behandlung anfangen könne. Ich war überrascht, als ich die Bestätigung bekam, dass ich kerngesund sei. Das einzige Problem war mein leicht erhöhter Blutdruck. Es schien, als ob nur Gottes Macht diese Prüfung wegnehmen könnte. Meine Gefühle schienen in dieser hoffnungslosen Lage zutiefst verletzt zu sein. Das alles geschah, als ich Anfang 20 war.

Erlauben Sie mir einen kurzen Rückblick. Einige Jahre zuvor hatte ich zum ersten Mal das Evangelium gehört. Ich war 19 Jahre alt gewesen. Schon bald danach nahm ich den rettenden Glauben an Jesus Christus an. Die ersten eineinhalb Jahre als Gläubiger war eine schwierige Zeit, da ich damit zu kämpfen hatte, mein Partyleben aufzugeben. Aber alles änderte sich im Oktober 1994, als ich das erste Mal zu einem Treffen der Anonymen Alkoholiker ging. Ich nahm im ersten Jahr meiner Abstinenz an mehr als 400 Treffen teil. Manchmal sogar mehrmals am Tag. Ich gehörte zwar nicht zu den heruntergekommenen Trinkern, aber ich war jung und ein Partylöwe. Daher waren die Konsequenzen schmerzhaft. Leider konnte ich – aus welchem Grund auch immer – nicht von alleine mit dem Trinken aufhören. Ich brauchte Hilfe. Ich wusste, dass ich mein Leben zerstören würde, wenn ich nicht schnell handelte.

Nachdem ich trocken geworden war, hatte mein Leben einen neuen Sinn. Ich begann, meine Sucht an Gott abzugeben. Ich gehörte zur Armee Gottes und mit jedem, der es hören wollte, sprach ich über meinen Glauben. Und das mochte der Feind nicht. Je mehr ich für Gott lebte, desto intensiver wurde der Kampf. Ich spürte, dass Satans Diener einen Generalangriff planten, der mich zu Fall bringen sollte.

Weil ich nicht wusste, wie ich mit diesem intensiven geistlichen Kampf umgehen sollte, sprach ich mit einer älteren Christin, mit der ich im Ritz-Carlton-Hotel in Dana Point, Kalifornien, zusammenarbeitete. Nachdem ich ihr meine Symptome geschildert hatte, sagte sie: „Bobby, ich glaube, du steckst mitten in einem geistlichen Krieg." Ich hatte vorher noch nie etwas davon gehört, aber nachdem sie es mir erklärt hatte, fing ich an, alles besser zu verstehen.

Eine Woche später brachte sie mir eine Kassette mit (jetzt wissen Sie, dass das schon lange her ist) und sagte: „Ich glaube, das kannst du gebrauchen." Sie sagte mir, dass diese Kassette nach unserem Gespräch in ihrem Briefkasten gewesen sei. Sie hatte sie weder gekauft, noch wusste sie, was es mit der Kassette auf sich hatte. Erst als sie das Päckchen öffnete und den Titel *Geistliche Kriegsführung* von Brian Broderson (heute ist er an der *Calvary Chapel*, Costa Mesa, Kalifornien tätig) las, wusste sie, warum. Als Anfänger im Glauben verschlang ich Brodersons Auslegung zu Epheser 6 geradezu. Anhand weiterer Beispiele aus der Bibel erklärte er, wie Satan versucht, die Gläubigen durch Angst, Sorgen, Depressionen, Verurteilung und *Zweifel* lahmzulegen. In jener Zeit machte ich all das durch. Darum war es so eine schwere Zeit in meinem Leben. Trotzdem sollte es eine der für mich wichtigsten Predigten überhaupt werden. Ich muss jene Kassette mindestens ein dutzend Mal oder noch öfter angehört haben.

Als ich im Laufe der Zeit Satans Taktik immer besser kennenlernte, konnte ich den Kampf aufnehmen und war nicht mehr geistlich blind für die Dinge, die um mich herum passierten.

Es gibt noch so viel mehr, über das man hier diskutieren könnte, aber als ich im Laufe der Zeit Satans Taktik immer besser kennenlernte, konnte ich den Kampf aufnehmen und war nicht mehr geistlich blind für die Dinge, die um mich herum passierten. Ich lernte auf besondere Weise, dass die unsichtbare Welt real und machtvoll ist. Wenn ich heutzutage mit Zweifeln bezüglich der unsichtbaren Welt zu kämpfen habe, brauche ich nur ein wenig Zeit der Reflexion. Als Pastor könnte ich meinen Dienst ohne dieses Wissen nicht ausführen. Ich glaube, der Herr wollte, dass ich selbst diese Erfahrungen machte. Und das geschieht manchmal immer noch. Aber jetzt gibt es Hoffnung. Und das ist der Unterschied.

SATANS ZIEL

Wie Sie sehen, wollen Satan und seine Diener jede Gelegenheit nutzen, um unseren Glauben zu sabotieren und uns dann zu Fall zu bringen. Das müssen wir verhindern. Erinnern Sie sich daran, was Jesus zu Petrus sagte? „Simon, Simon! Siehe, der Satan hat euer begehrt, euch zu sichten wie den Weizen."[22] Und was wollte Satan sichten? Petrus' Glauben. Und woher wissen wir das? Indem wir darauf achten, was Jesus danach sagte. Er ermutigt Petrus mit folgenden Worten: „Ich aber habe für dich gebetet, *dass dein Glaube nicht aufhöre.*"[23]

Ist es verwunderlich, dass Satan Petrus' Glauben zerstören wollte? Natürlich nicht. Und Petrus leugnete Jesus vor lauter Angst drei Mal. Unglaublich ist, dass dies nur ein paar Stunden, nachdem er Jesus ausdrücklich versichert hatte, ihn niemals zu verleugnen, geschah. Er sagte sogar: „Wenn ich mit dir sterben müsste, werde ich dich nicht verleugnen."[24] Satan will auch unseren Glauben zerstören. Er will solange Zweifel säen, bis wir nur noch ein Häufchen Elend sind und keinen Glauben mehr haben.

Satan will solange Zweifel säen,
bis wir nur noch ein Häufchen Elend sind
und keinen Glauben mehr haben.

Deswegen schrieb Paulus: „Daher, wer zu stehen meint, sehe zu, dass er nicht falle."[25] Wir befinden uns in einem Vollzeitkampf. Wir dürfen in unserer Wachsamkeit niemals nachlassen, auch wenn wir meinen, vor den Anschlägen Satans sicher zu sein. Es gibt in diesem Kampf keine Pause. Satan ist es egal, ob wir müde, verletzt oder verwirrt sind oder alles satt haben. Darum dürfen wir die Waffenrüstung Gottes nie ablegen.

Nachdem Paulus uns daran erinnert hat, dass wir uns in einem geistlichen Kampf befinden, warnt er uns: „Deshalb ergreift die ganze Waffenrüstung Gottes, damit ihr an dem bösen Tag widerstehen und, wenn ihr alles ausgerichtet habt, stehen bleiben könnt."[26] Dann zählt Paulus alles auf, was zu der Waffenrüstung des Gläubigen gehört, wie Wahrheit, Gerechtigkeit, Gebet und besonders *Glauben*. Paulus schreibt: „Bei alledem ergreift den Schild des Glaubens, mit dem ihr alle feurigen Pfeile des Bösen auslöschen könnt."[27] Zu den Waffen Satans gehören Pfeile des Zweifels, die unseren Glauben zerstören sollen. Darum müssen wir unseren Schild ergreifen, weil Satan ein grausamer Herrscher ist. Er wird Zweifel, Angst, Zorn, Begierde, Klatsch oder sogar Vermessenheit gebrauchen, um unseren Glauben zu zerstören. Wie Petrus brauchen wir unbedingt das Gebet Jesu. Und glücklicherweise setzt sich Jesus im Gebet für seine Nachfolger ein. Die Bibel nennt ihn sogar unseren Fürsprecher.[28]

Jesus setzt sich im Gebet für seine Nachfolger ein.

Vor einigen Jahren hörte ich eine Geschichte über ein Missionars-Ehepaar, das in einer Hütte an einem abgelegenen Ort lebte. Als sie eines Tages nach Hause kamen, entdeckten sie eine große Giftschlange. Natürlich rannten sie, so schnell sie konnten, aus dem Haus. Als ihr Nachbar davon hörte, packte er seine Machete und ging in die Hütte, während das Ehepaar draußen wartete. Die beiden fingen an, sich Sorgen zu machen, als sie von drinnen einen höllischen Lärm hörten. Schließlich kam der Nachbar heraus, aber der Krach hielt an. Als er ihren verwirrten Blick bemerkte, sagte der Stammesmann zu dem Paar: „Keine Sorge, die Schlange ist tot. Sie hat es nur noch nicht gemerkt." Offensichtlich war die Schlange geköpft worden, aber ihr Körper wand sich noch in alle Richtungen, wobei sie überall Gegenstände umwarf. Sie richtete verheerenden Schaden an, bevor ihre Zeit ablief.

Das erinnert mich an die Geschichte im Garten Eden in 1. Mose 3 und an die Worte der Bibel:

> „Und ich werde Feindschaft setzen zwischen dir und der Frau, zwischen deinem Samen und ihrem Samen; er wird dir den Kopf zermalmen, und du, du wirst ihm die Ferse zermalmen."[29]

Als Gott Satan, Adam und Eva die Folgen des Ungehorsams erklärte, sagte er ihnen, dass Satans Kopf zermalmt werden würde. Und genau das geschah auch. Am Kreuz zermalmte Jesus den Kopf der Schlange, indem er ihr den Todesstoß versetzte. Satan ist besiegt. Er ist enthauptet. Seine Zeit läuft ab und er weiß es. In der Zwischenzeit richtet er Unheil an. Bis dahin heißt es für uns: „Unterwerft euch nun Gott! Widersteht aber dem Teufel! Und er wird von euch fliehen."[30] Lassen Sie sich von der alten Schlange nicht länger mit Zweifel schikanieren. Und vergessen Sie nicht, dass er, „welcher in euch ist, größer ist als der, welcher in der Welt ist".[31]

REFLEXIONEN ÜBER DEN ZWEIFEL

- Wenn Adam und Eva im Paradies Zweifel hatten, wie viel mehr sind wir im verlorenen Paradies für Zweifel anfällig?
- Sie müssen Ihre Zweifel wie feindselige Angriffe des Satans behandeln.
- Der Satan stachelt Ihre Zweifel so lange an, bis er Sie so fest im Griff hat, dass Sie den Glauben verlieren.

FRAGEN ZUM NACHDENKEN UND ZUR WEITEREN DISKUSSION

1. Was hat Sie in diesem Kapitel am meisten interessiert?
2. Was können wir aus der Versuchung Jesu in der Wüste

darüber lernen, wie wir Satan inmitten eines geistlichen Kampfes am besten abwehren?

3. Bobby erzählt uns von seinem eigenen furchtbaren geistlichen Kampf. Haben Sie jemals einen geistlichen Kampf erlebt? Oder ist der Begriff neu für Sie?
4. Bobby sagt: „Satan zeigt uns niemals die Folgen, sondern nur die kurzfristigen fleischlichen ‚Vorteile'." Überlegen Sie, was er damit meint.
5. Inwiefern hat die Gesellschaft aus Satan eine Karikatur gemacht, so dass sich Christen lächerlich vorkommen, wenn sie über ihn sprechen? Hilft es Ihnen, dieses Gefühl zu überwinden, wenn Sie sich klar machen, dass er ein geschaffenes, machtvolles Geistwesen ist?
6. In diesem Kapitel haben wir gelernt, dass Satan und seine Helfer weder überschätzt noch unterschätzt, sondern richtig eingeschätzt werden sollten. Was bedeutet das für unser tägliches Leben als Christen?

8.

Zweifel navigieren

*„Ein Mensch sollte an sich selbst zweifeln,
aber doch nicht an der Wahrheit;
das hat sich genau ins Gegenteil verkehrt."*
G. K. Chesterton

*„Der einzige Weg, das Christentum richtig und angemessen
anzuzweifeln, ist, die alternativen Glaubenssysteme
unter den gleichen Aspekten anzuzweifeln und sich dann
zu fragen, welche Gründe es gibt, daran zu glauben."*
Timothy Keller

Haben Sie sich jemals hoffnungslos verirrt? Es ist ein schreckliches Gefühl, nicht wahr? Als ich vier Jahre alt war, lebten wir in Laguna Beach, Kalifornien. Wir wohnten in einem reizenden, kleinen Haus, das hoch oben in den staubtrockenen Hügeln des South Orange County lag. Von unserem Wohnzimmer bot sich ein malerischer Blick auf den Pazifischen Ozean. An klaren Tagen konnten wir sogar Catalina Island sehen. Der Blick von der hinteren Terrasse war genauso eindrucksvoll. Es war fast so, als läge die ganze Welt vor mir.

Eines Tages wollte ich einen kleinen Spaziergang machen. Ich überquerte die Straße, um zu den mit Büschen bewachsenden Hügeln zu gelangen. Aber irgendetwas ging fürchterlich schief! Da ich zu klein war, um über die Büsche gucken zu können, fühlte ich mich wie in einem Labyrinth gefangen, dem ich nie wieder entkommen würde. Als mich die Angst überwältigte, wurde aus meiner Neugier Panik. Ich dachte: „Wie komme ich hier jemals wieder raus?“ Mein Herz raste, aber schließlich fand ich doch den Weg hinaus. Ich hatte mich noch nie so gefreut, Asphalt zu sehen, jene Straße, die nach Hause, zu meinem Ort der Geborgenheit führte. Ganz plötzlich verwandelte sich meine Panik in inneren Frieden. Ich war wieder auf dem richtigen Weg und bald schon zu Hause angekommen.

Wenn ich mit Zweifeln zu kämpfen habe, fühle ich mich manchmal wie damals als vierjähriger Junge, der sich verirrt hatte. Ich fühle mich einsam, voller Angst und Panik. Und ich frage mich: „Werde ich da jemals wieder herauskommen? Und wenn ja, wie?“ Der Zweifel kann ein dunkler Ort sein. Wie ein Labyrinth aus Sträuchern können Zweifel uns in die Irre führen.

Der Zweifel kann ein dunkler Ort sein.
Wie ein Labyrinth aus Sträuchern
können Zweifel uns in die Irre führen.

In diesem Kapitel helfe ich Ihnen, Ihre Zweifel zu überwinden. Jeder Zweifler braucht ein Navigationssystem für seine Zweifel. Eine Art inneres GPS. Ein Gefühl für die richtige Richtung. Solange wir das Gefühl haben, uns verirrt zu haben, scheint das Leben hoffnungslos zu sein. Aber wenn wir etwas Konkretes in der Hand haben, wird sich unsere Panik in Ruhe verwandeln. Dieses Kapitel verspricht keine magische Formel, keinen fünf-Schritte-Plan, kein Wunder bewirkendes Gebet. In diesem

Kapitel geht es einfach nur darum, Fehler zu erkennen, damit wir fähig sind, mit unseren Zweifeln besser und bewusster umzugehen. Schließlich bin auch ich nur ein Zweifler, der einem anderen Zweifler sagt, wie er den Glauben finden kann. Lassen Sie uns diese Navigationshinweise anschauen und versuchen, uns nicht zu *verirren.*

KLASSIFIZIEREN SIE IHRE ZWEIFEL

Erstens: Notieren Sie sich Ihre Zweifel auf einem Notizblock oder Ihrem Laptop. Dann teilen Sie sie in Kategorien ein. Vielleicht haben Sie herausgefunden, dass die meisten Ihrer Zweifel mit den folgenden Hauptkategorien zu tun haben: dem Problem des Bösen, der Existenz Gottes, der Verlässlichkeit der Schrift, den Wundern oder sogar den vielen verschiedenen Weltanschauungen. Jede Hauptkategorie ist mit unzähligen Unterfragen verbunden. Wenn Sie ein starker Zweifler sind, dann haben Sie viele Unterfragen identifiziert, die Sie jetzt in einer Ihrer Hauptkategorien einsortieren müssen.

Nachdem Sie das getan haben, können Sie Ihre Zweifel nach Priorität klassifizieren. Dieser Vorgang zeigt Ihnen, welche Zweifel Sie am meisten belasten und irritieren. Wenn Sie diese Übung gemacht haben, dann ... herzlichen Glückwunsch. Sie haben gerade Ihre eigene Studienanleitung geschrieben. Anstatt den Wald vor lauter Bäumen nicht mehr zu sehen, können Sie jetzt jede einzelne Kategorie in Angriff nehmen. Diese Herangehensweise schärft Ihren Blick für das Wesentliche und hilft Ihnen, Ihre Zweifel besser und klarer zu unterscheiden.

AKZEPTIEREN SIE DEN ZWEIFEL ALS IHREN FREUND UND FEIND

Es ist merkwürdig, aber wahr: Der Zweifel kann wie ein guter Freund sein, auch wenn er sich meistens wie ein Feind anfühlt.

Es hat mit unserer Perspektive und wie wir damit umgehen zu tun. Während Satan Zweifel benutzt, um uns zu vernichten, kann Gott Zweifel gebrauchen, damit wir im Glauben wachsen. Hier sind einige Vorteile, die aus Zweifeln entstehen können:

- Zweifel können unsere Abhängigkeit von Gott vertiefen.
- Zweifel können uns aus der Selbstzufriedenheit locken, während wir eifrig nach Antworten suchen.
- Zweifel können uns demütiger werden lassen, wenn wir erkennen, dass letztendlich nicht alles Schwarz-Weiß-Malerei ist. Der Zweifel kann den strengen, unflexiblen Schriftgläubigen barmherziger machen.
- Zweifel können uns helfen, mehr Mitgefühl für andere Zweifler zu haben. Judas erinnert uns sogar: „Und der einen, die zweifeln, erbarmt euch."[1]
- Zweifel können uns bei unserer Suche nach Antworten zu klügeren christlichen Apologeten machen.
- Zweifel können uns helfen, unser Urteilsvermögen hinsichtlich unseres Glaubens zu schärfen.
- Zweifel können uns daran erinnern, dass unser Kampf nicht gegen Fleisch und Blut ist, sondern dass es ein geistlicher Kampf in der unsichtbaren Realität ist. Und dieser Kampf ist heftig.
- Zweifel können unsere Sehnsucht nach dem Himmel vergrößern, nämlich nach dem Tag, an dem wir keine Zweifel mehr haben. Paulus sagt: „Jetzt erkenne ich stückweise, dann aber werde ich erkennen."[2] Was für ein Tag wird das sein!

Es ist kein Wunder, dass manche Menschen Zweifel nicht nur als Freund, sondern auch als ein Geschenk bezeichnen. Das Geschenk des Zweifels. Auch wenn es sich ganz sicher nicht wie ein Geschenk anfühlt, nicht wahr? Wir müssen lernen, den Zweifel als Freund und Feind zu akzeptieren. Die freundliche Seite dieses Wortes treibt uns an, die Vorteile aus den Zweifeln zu ziehen, und die feindliche Seite erinnert uns daran, dass Zweifel uns zerbrechen können, wenn wir es zulassen.

Das Geschenk des Zweifels.
Auch wenn es sich ganz sicher nicht
wie ein Geschenk anfühlt, nicht wahr?

Lassen Sie also nicht zu, dass Ihre Zweifel Ihren Glauben zerstören.

VERMEIDEN SIE DEN GEDANKEN: „WENN DU ZWEIFELST, DANN LIEBST DU GOTT NICHT"

Wenn Sie wegen Ihrer Zweifel traurig und deprimiert sind, bedeutet das vermutlich, dass Sie Gott lieben, und nicht, dass Sie es nicht tun. Wenn Sie ihn nicht lieben würden und wenn Ihnen Ihr Glaube egal wäre, dann würden diese Zweifel Sie nicht so belasten. Ein tiefgläubiger Mensch wird aufgrund der intellektuellen Zweifel nicht nur mentale Qualen, sondern auch emotionale Qualen erleiden. Die Qualen breiten sich aus. Der Namenschrist wird von Zweifeln emotional nicht berührt. Für ihn geschieht alles im Kopf. Der Namenschrist kann vielleicht ein wenig irritiert sein, aber er ist ganz bestimmt nicht hoffnungslos.

BESCHÄFTIGEN SIE SICH NICHT ZWANGHAFT MIT IHREN ZWEIFELN

Denken Sie daran, was wir vorher gesagt haben: „Der Zweifel ist wie ein Kind, das Aufmerksamkeit auf sich ziehen will: Schenkst du ihm Aufmerksamkeit, dann will es noch mehr."[3] Aus diesem Teufelskreis kann man kaum entkommen. Einfach ausgedrückt: Wenn wie unsere Zweifel nähren, dann wachsen sie. Manche Menschen plagen sich mit Zweifeln, aber andere plagen sich übermäßig mit ihnen und lassen sich von ihren Zweifeln auffressen. Manchmal konzentrieren wir uns so sehr auf unsere Zweifel, bis wir uns wie eingesperrt fühlen. Trotzdem fühlen wir uns nicht sicher, weil wir die Kombination nicht kennen, die uns aus der Gefangenschaft führt. Wir können weder vor noch zurück. Wie ein in Ketten gelegter Gefangener. Aber genau das macht die zwanghafte Beschäftigung mit uns. Jedes Mal, wenn wir uns zwanghaft mit unseren Zweifeln beschäftigen, ebnen wir ihnen den Weg, uns zu beherrschen. Zweifler, sei auf der Hut – wenn du dich lange genug auf etwas fixierst, wird es dich versklaven.

Aber dieses Gefühl der *Abhängigkeit* muss nicht sein. Sollten wir nicht besser lernen, wie wir uns davon befreien können? Wir sollten uns eine kleine Pause von den Zweifeln gönnen. Es gibt im Leben ja schließlich noch andere Dinge als Zweifel. Wir könnten jemandem eine Dankeskarte schreiben. Mit dem Ehepartner Eis essen gehen. Mit dem Sohn Fangen spielen. Bowlen gehen. Einen Urlaub machen. Eine Komödie anschauen. Ein wenig lachen. Viel lachen. Und weinen, wenn nötig. Aber wir sollten uns weigern, uns zwanghaft mit Zweifeln zu beschäftigen. So sollte man nicht leben. Wir könnten zwar so existieren, aber ich garantiere Ihnen, dass das kein Leben ist. Wir brauchen eine „Zweifel-Entgiftungstherapie“.

Sollten wir nicht besser lernen,
wie wir uns davon befreien können?
Wir sollten uns eine kleine Pause
von den Zweifeln gönnen.

Gönnen Sie Ihren Gedanken ein wenig Ruhe und erlauben Sie sich, wieder Freude an den einfachen Dingen des Lebens zu haben. Sorgen Sie sich nicht weiter um all Ihre unbeantworteten Fragen und versuchen Sie nicht, alle Geheimnisse des Lebens zu lösen. Das Leben hat mehr zu bieten. Geben Sie Ihren Zweifeln lieber eine Auszeit, legen Sie sie schlafen. Ansonsten werden Sie von ihnen wach gehalten. Legen Sie die Zweifel auf Eis oder lassen Sie sie verhungern. Das ist kein Ausweichmanöver, sondern eine Ruhepause. Wenn Sie später mental und emotional wieder bereit sind, können Sie sich erneut mit ihnen beschäftigen. Keine Sorge, Ihre Zweifel werden auf Sie warten, aber diesmal, ohne von Ihnen Besitz zu ergreifen. Schwächen Sie die Macht Ihrer Zweifel, indem Sie sich weigern, sich übertrieben und zwanghaft mit ihnen zu beschäftigen. Das wird einen Unterschied machen. Vertrauen Sie mir.

VERTRAUEN SIE IHRE ZWEIFEL GUTEN FREUNDEN AN

Zweifel zu äußern kann uns riskant erscheinen. Darum ist es wichtig, unsere Zweifel guten Freunden anzuvertrauen. Wie schon erwähnt hat die Kirche unglücklicherweise keine gute Arbeit im Umgang mit Zweiflern geleistet. Das muss sich ändern. Manche Gläubige bringen ihre Zweifel zum Ausdruck, nur um schmerzliche Ablehnung zu erfahren. Unglücklicherweise verlassen dann viele gepeinigte Zweifler die Gemeinde ... und kommen nie mehr zurück.

Erinnern Sie sich an Steve Jobs? Es muss nicht immer eine entweder-oder-Entscheidung sein. Ich frage mich, wie viele desillusionierte Menschen ihre Kirchengemeinde nicht zuletzt deshalb verlassen, weil sie denken, dass sie nur in der Welt wirklich akzeptiert werden. Es ist traurig, dass unter Ungläubigen manchmal mehr Offenheit und echte Gnade zu finden sind als innerhalb der Gemeinde. Liebe Christen, das sollte so nicht sein. Zweifel – genauso wie Furcht, Schuld, Sorgen, Depressionen, Zorn, Stress, Unbehagen und Bitterkeit – brauchen einen Ort, wo sie geäußert werden können. Wo sie klar und unverfälscht offenbart werden können.

Es ist traurig, dass unter Ungläubigen manchmal mehr Offenheit und echte Gnade zu finden sind als innerhalb der Gemeinde.

Ich bin dankbar, dass man mir Freundlichkeit und Wohlwollen entgegengebracht hat. Ich bin umgeben von Kirchenleitern, die nicht panisch reagieren, wenn ich meine Zweifel äußere. Vor einigen Jahren hatte ich mit einigen Zweifeln zu kämpfen, und ich dachte, dass ich meinen Gemeindeältesten mitteilen sollte, was mich zutiefst bewegte. Ihre Reaktion war einfach *himmlisch*. Im wahrsten Sinne des Wortes. Sie verloren weder die Beherrschung, noch verspotteten sie mich. Sie versuchten auch nicht herunterzuspielen, was mit mir passierte. Nein, diese weisen Männer unserer Stadt Charlotte verstanden, dass das Zweifeln nicht nur ein Problem der Christen ist. Es ist ein menschliches Problem. Und ihre Antwort war ermutigend. „Bobby", sagten sie, „jeder hat von Zeit zu Zeit Zweifel. Du bist nicht allein. Wir sind für dich da."

Das war wirklich tröstlich. Ihre Worte waren mir eine große Hilfe. Mein Glaube wurde nicht nur gestärkt, ich bekam auch neue Hoffnung. Diese Männer lieben mich nicht, weil ich Christ bin oder weil ich an der historischen christlichen Lehre festhalte. Sie lieben mich, weil sie mich lieben. Punkt. Also ist das genau der Ort, an dem ich ehrlich sein kann.

Diese Männer sind klug genug, um zwischen authentischen Zweifeln und antagonistischen Zweifeln unterscheiden zu können. Sie wussten, dass ich nicht den christlichen Glauben zerstören wollte. Ich wollte nicht die biblische Lehre fallen lassen oder die systematische Theologie in Stücke reißen. Ich wollte auch nicht mit der Kirche abrechnen. Ich machte mir nur Gedanken über ein Thema und brauchte jemanden, mit dem ich über meine Probleme sprechen konnte. Ihre Ermutigung gab mir genau das, was ich benötigte, um trotz meiner Zweifel am Glauben festzuhalten. Sollte eine gesunde Gemeinschaft nicht genau das tun?

Ich habe mich oft gefragt, was aus mir geworden wäre, wenn diese Männer getobt oder Enttäuschung gezeigt oder sich durch meine Fragen in ihrem Glauben bedroht gefühlt hätten. Gott sei Dank war es aber nicht so.

Ich hoffe, dass Sie einige vertrauenswürdige Freunde haben, mit denen Sie über Ihre Zweifel sprechen können. In der Stille zu zweifeln, ist eine Qual.

Ich hoffe, dass Sie einige vertrauenswürdige Freunde haben, mit denen Sie über Ihre Zweifel sprechen können. In der Stille zu zweifeln, ist eine Qual. Manchmal dachte ich: „Wäre es nicht toll, zu den Anonymen Zweiflern zu gehören? – ‚Hallo, ich heiße Bobby und ich bin ein Zweifler.'" (Ich meine das nicht ganz ernst). Und dann erinnere ich mich daran, dass wir nicht anonym zweifeln müssen. Wie wir in einem früheren Kapitel erkannt haben, *kann Jesus mit unseren Zweifeln umgehen*. Wenn das der Fall ist, sollte seine Gemeinde es nicht auch können?

ERKENNEN SIE, WANN SIE IHRE ZWEIFEL ANZWEIFELN

„Jesus ist nicht Gott." Das sagte mir ein guter Freund, als ich gerade neu zum Glauben gekommen war. Leider war ich im Glauben noch nicht so fest, um diese Behauptung zu widerlegen. Ich hatte keine theologische Quelle für Gegenargumente. Ich war einfach um eine Antwort verlegen, und seine Aussage bohrte ein kleines Loch des Zweifels in mich.

Ohne biblische Zurüstung sind wir für Zweifel anfälliger. Ich glaube, dass dies der Grund ist, warum viele Christen nicht evangelisieren. Sie wissen nicht, was sie sagen sollen; sie wollen nicht überrumpelt werden, sich bloßgestellt fühlen und ohne Antworten dastehen. So war es bei mir. Ich hatte kein Gegenargument. Wenn ich zurückblicke, dann glaube ich, dass dies der Moment war, in dem der Heilige Geist mich dazu brachte, meine Zweifel anzuzweifeln, eine innere Stimme, die rief: „Irgendwie stimmt da was nicht." Auch wenn viele Zweifel ihre Berechtigung haben, gibt es doch so manche Zweifel, die wir anzweifeln müssen.

Auch wenn viele Zweifel ihre Berechtigung haben,
gibt es doch so manche Zweifel,
die wir anzweifeln müssen.

Wenn von jetzt an Zweifel auftauchen, dann lenken Sie sie in eine andere Richtung, indem Sie sich regelmäßig fragen: „Muss ich meine Zweifel anzweifeln?" Auf diese Weise übergehen Sie unnötige Zweifel. Nicht alle Ihre Gedanken sind wahr. Daher hinterfragen Sie diejenigen, die Ihnen ein unangenehmes Gefühl geben. Und haben Sie keine Angst, Ihren Zweifeln gegenüber skeptisch zu sein.

WUNDERN SIE SICH NICHT, WENN IN UNSERER GESELLSCHAFT GLAUBENSZWEIFEL IMMER GRÖSSER WERDEN

In ihrem umfangreichen Werk über Zweifel schreibt die Atheistin Jennifer Michael Hecht: „Wo jeder an das Gleiche zu glauben scheint, da ist der Zweifel still."[4] Auch wenn ich dieser Aussage nicht vollkommen zustimme, steckt doch ein Körnchen Wahrheit darin. Unsere Gesellschaft macht einen gewaltigen Glaubenswandel durch. Wir erleben einen Wechsel von einer einst pro-christlichen zu einer anti-christlichen Gesellschaft. Und außer es gibt eine große Erweckung und einen geistlichen

Aufbruch, müssen wir Christen in nicht allzu ferner Zukunft mit Verfolgungen rechnen.

Je mehr die pro-christliche Kultur abnimmt, desto mehr müssen sich die Christen in der ganzen Welt darauf vorbereiten, ganz auf sich allein gestellt zu sein. Diese Ausgrenzung kann Zweifel auslösen. Vielleicht haben Sie auch schon gedacht: „Was ist, wenn ich mich irre?“ Und die Versuchung kann groß sein, mit der breiten Masse zu laufen. Aber die Masse muss nicht unbedingt die Wahrheit besitzen. Die Wahrheit war bei Noah und seiner Crew in der Arche. Und wir wissen, wie diese Geschichte für die breite Masse ausging.

Wir müssen uns mit vielen widersprüchlichen Glaubenssystemen auseinandersetzen, dürfen uns aber darüber freuen, dass es für die Glaubwürdigkeit des christlichen Glaubens umfangreiche Beweise gibt.

Ich vermute, dass diese Woge des Zweifels nur noch größer wird, wenn unsere kulturellen Glaubenssysteme aufeinander prallen und eine große Menge an Zweiflern hervorbringen. Es wäre bestimmt einfacher, wenn es nicht so viele rivalisierende Glaubenssysteme gäbe. Aber in so einer Welt leben wir nicht. Nur im Himmel werden sich alle bezüglich der Wahrheit einig sein. Bis dahin müssen wir uns mit vielen widersprüchlichen Glaubenssystemen auseinandersetzen, dürfen uns aber darüber freuen, dass es für die Glaubwürdigkeit des christlichen Glaubens umfangreiche Beweise gibt.

LERNEN SIE, ZU UNTERSCHEIDEN

Das neutestamentliche griechische Wort *anakrino* wird unterschiedlich übersetzt. Es bedeutet „unterscheiden“, „prüfen“ oder „beurteilen.“ Es beschreibt die Fähigkeit, zwischen richtig und falsch, zwischen genau und ungenau zu unterscheiden. Diese Fähigkeit ist wie ein inneres Leitsystem, das uns in die richtige Richtung führt und uns erlaubt, zu bestimmen, was wahr und was falsch ist.

Der große Denker und weise Autor A.W. Tozer schrieb einst: „Wir brauchen wieder die Gabe des Unterscheiden-Könnens auf unseren Kanzeln. Dabei geht es nicht um die Fähigkeit, kommende Schwierigkeiten vorauszusagen, sondern um gesalbte Augen, um die Kraft geistlicher Durchdringung und geistlichen Verstehens, um die Fähigkeit, die geistliche Szene so einzuschätzen, wie Gott sie sieht, damit uns gesagt werden kann, was gerade dran ist."[5]

Tozer steht mit diesen Aussagen in der Tradition von biblischen Glaubenshelden wie Paulus, der die Thessalonicher ermahnte: „Prüft aber alles, das Gute haltet fest!"[6] Der Apostel Johannes war ein weiterer geistlicher Riese, der die Notwendigkeit des Urteilsvermögens betonte: „Geliebte, glaubt nicht jedem Geist, sondern prüft die Geister, ob sie aus Gott sind! Denn viele falsche Propheten sind in die Welt hiausgegangen."[7] Paulus legte so großen Wert auf das Urteilsvermögen der Gemeinde, dass es sogar seine Gebete beeinflusste: „Und um dieses bete ich, dass eure Liebe noch mehr und mehr überreich werde in Erkenntnis und aller *Einsicht*, damit ihr prüft, worauf es ankommt, damit ihr lauter und unanstößig seid auf den Tag Christi."[8]

Wenn es so wichtig ist, zu wissen, was man anzweifeln und was man glauben kann, dann fragen Sie sich bestimmt: „Aber wie lerne ich, zu unterscheiden?"

Erstens: Erkennen Sie, dass es kein Urteilsvermögen ohne Weisheit gibt. Mit diesem Wissen bitten Sie Gott, dass er Ihnen tiefe Weisheit schenkt. Wie Jakobus sagt: „Wenn aber jemand von euch Weisheit mangelt, so bitte er Gott, der allen willig gibt und keine Vorwürfe macht, und sie wird ihm gegeben werden."[9]

Bitten Sie Gott, dass er Ihnen tiefe Weisheit schenkt.

Zweitens: Schließen Sie sich einer Gemeinde mit einer soliden biblischen Lehre an, die eine hohe Auffassung von der Bibel hat. Es ist schwer, in einer Gemeinde Urteilsvermögen zu entwickeln, die selbst keinen Wert darauf legt. Sorgen Sie dafür, dass Sie eine Gemeinde finden, die leidenschaftlich für die Wahrheit eintritt und die Bibel nicht zu verdrehen versucht, um sich jeder gesellschaftlichen Laune anzupassen. Paulus machte Timotheus deutlich, dass Gott der Gemeinde Leiter gegeben hat, um die Herden auszurüsten.[10] Und er zählte sogar die Gründe auf, warum sie zugerüstet werden müssen: „Denn wir sollen nicht mehr Unmündige sein, hin- und hergeworfen und umhergetrieben von jedem Wind der Lehre durch die Betrügerei der Menschen, durch ihre Verschlagenheit zu listig ersonnenem Irrtum."[11] Der Apostel betont, dass Kirchenleiter ihre Herden zurüsten müssen, damit diese zwischen Wahrheit und Irrtum, richtig und falsch unterscheiden und die Spreu vom Weizen trennen können.

SUCHEN SIE GOTTES HERZ

Gott bekommt im Himmel keinen hysterischen Anfall, weil Sie ein Paket voller Zweifel mit sich herumtragen. Er ist bereit, sich auf Sie einzulassen. Manchmal müssen Sie einfach trotz Ihrer Zweifel weiterbeten. Die Bibel sagt: „Nahe ist der HERR allen, die ihn anrufen, allen, die ihn *in Wahrheit* anrufen."[12] Und er akzeptiert unsere Fragen und ruft uns auf: „Kommt denn und lasst uns miteinander rechten!, spricht der HERR."[13]

Im Buch Jeremia hören wir, wie Gott den Überlebenden der babylonischen Gefangenschaft Hoffnung verspricht: „Und sucht ihr mich, so werdet ihr mich finden, ja, fragt ihr mit eurem ganzen *Herzen* nach mir, so werde ich mich von euch finden lassen, spricht der HERR."[14] Die Juden waren überhaupt erst in Gefangenschaft geraten, weil sie aufgehört hatten, ausschließlich nach Gott zu suchen. Sie suchten ihn nicht mehr mit ihrem ganzen Herzen. Sie hatten sich getrennt, losgerissen, und ihre Liebe war gespalten. Sie gingen auf Abwegen statt auf Gottes Wegen. Sie nahmen die Bräuche und Sitten der sie umgebenden Kultur an und im Laufe der Zeit verloren sie ihre Beziehung zu Gott aus den Augen. Dieser Club voller Zweifler brauchte eine gute Portion Herz. Und es ist schwer, den Weg zurück zu Gott zu finden, wenn man vom eigenen Herzen abgeschnitten ist. Die Suche nach Gott ist eine ganzheitliche Disziplin. Dabei ist Ihr *ganzes Ich* gefordert. Gottes Verheißung steht auf dem Spiel: „So werdet ihr mich finden." Aber es gibt auch eine Bedingung: „Fragt mit eurem ganzen *Herzen* nach mir."

Es ist schwer, den Weg zurück zu Gott zu finden,
wenn man vom eigenen Herzen abgeschnitten ist.

Die Suche nach einem Gott, der sich zu verstecken scheint, ist anstrengend. Schwer realisierbar. Aber die Bibel versichert uns, dass er bei uns ist, auch wenn es sich nicht so anfühlt. Zweifelsohne ebnet die wahrgenommene Abwesenheit Gottes den Weg für mehr Zweifel.

Aber es gibt ein Heilmittel: Suchen Sie sein Herz mit Ihrem *ganzen* Herzen. Geben Sie nicht auf, lassen Sie sich nicht verwirren oder verärgern. Passen Sie auf Ihrer Suche nach Gott auf, dass sich Ihr Herz nicht von Ihrem Verstand trennt. Während Sie sein Herz suchen, trösten Sie sich damit, dass diese Suche nicht ausweglos ist. Es kann ein langer Weg sein, der aber nicht in einer Sackgasse endet. Halten Sie also durch. Geben Sie nicht auf. *Denken* Sie noch nicht einmal daran, aufzugeben.

VERWANDELN SIE IHRE ZWEIFEL IN EIN LIED DES VERTRAUENS

Die Psalmen sind eine Anleitung für den Zweifler, am Glauben festzuhalten. In Psalm 88 ist der Psalmist vor lauter Zweifel emotional aufgewühlt. Der ganze Psalm ist ein einziger Schrei der Verzweiflung. Psalm 74 ist ein weiterer Psalm schonungsloser Ehrlichkeit, voller Warum-Fragen, der mit der Aufforderung endet, dass Gott handeln soll ... etwas tun soll. In Psalm 42 ist der Psalmist traurig, fühlt sich deprimiert und vergessen. Trotzdem spricht er sich am Ende selbst einige aufmunternde Worte zu. Andere Psalmen beginnen in tiefer Verzweiflung und enden mit einer noch viel tieferen Hingabe. Psalm 10 und Psalm 13 sind hierfür ein Beispiel.

Die Psalmen sind eine Anleitung für den Zweifler, am Glauben festzuhalten.

Der letzte Psalm ist erwähnenswert, weil der Psalmist vom Zweifel zur Hingabe und von der Traurigkeit zum Singen wechselt. David, der Verfasser des Psalms, vergeudet keine Zeit, um sich in Gottes Gegenwart auszudrücken und fragt in den ersten beiden Versen wiederholt: „Bis wann ... bis wann ... bis wann?" David ist verzweifelt und müde, er fühlt sich von Gott vergessen und verstoßen. Er sehnt sich nach einer Reaktion Gottes. Trotz der scheinbaren Distanz Gottes wird David immer aufrichtiger und ehrlicher. David entscheidet sich, trotz seiner Zweifel am Glauben festzuhalten. Er schaut nach vorn und betet Gott an. Es wird Ihnen gefallen. Lesen Sie selbst:

Bis wann, HERR? Willst du mich für immer vergessen?
Bis wann willst du dein Angesicht vor mir verbergen?
Bis wann soll ich Sorgen hegen in meiner Seele,
Kummer in meinem Herzen bei Tage?

Bis wann soll sich mein Feind über mich erheben?
Schau her, antworte mir, HERR, mein Gott!
Mach hell meine Augen, dass ich nicht zum Tod entschlafe!
Dass mein Feind nicht sage: ‚Ich habe ihn überwältigt!',
meine Bedränger nicht jauchzen, wenn ich wanke.
Ich aber, ich habe auf deine Gnade vertraut;
mein Herz soll jauchzen über deine Rettung.
Ich will dem HERRN singen, denn er hat wohlgetan an mir.[15]

In Vers 5 entscheidet sich David, Gott zu vertrauen, sich zu freuen und zu *singen*.

Wer hätte das gedacht.

Musik kann unsere Herzen und unseren Verstand zusammenführen. Musik lässt Hoffnung wachsen. Wann haben Sie das letzte Mal Gott mit Musik angebetet? Musik kann unsere Herzen zum Schwingen bringen. Unser Herz schläft ein, wenn wir uns nur vom Verstand leiten lassen. Aber unser Verstand braucht ein waches Herz.

Befreien Sie sich durch Singen von Ihren Zweifeln.
So wie die Psalmisten.

Nehmen Sie sich ein wenig Zeit, um Ihren Kopf frei zu machen, indem Sie Gott durch Lieder Ihr Herz schenken. Versuchen Sie es. Befreien Sie sich durch Singen von Ihren Zweifeln. So wie die Psalmisten.

BELEBEN SIE IHREN GLAUBEN, INDEM SIE SICH AN GOTTES TREUE ERINNERN

Als wir uns eben kurz Psalm 13 angeschaut haben, habe ich noch nicht auf den letzten Satz des Psalms hingewiesen. In Vers 6 nennt David den Grund, warum er singt: „Denn er *hat* wohlgetan an mir." David schöpft aus dem Guten der Vergangenheit

Kraft für die Gegenwart. Denken Sie in schweren Zeiten an jene Momente, als Sie Licht am Ende des dunklen Tunnels sahen. In Psalm 77 stärkt auch Asaf seinen Glauben mit folgenden Worten: „Ich will *gedenken* der Taten Jahs; ja, deiner Wunder von alters her will ich *gedenken*."[16]

Wenn Sie Ihre Bibel gut kennen, dann kommt Ihnen das oft erwähnte Wort *gedenken* bestimmt bekannt vor. Gott verwendet dieses Wort häufig, weil er weiß, wie sehr unsere Herzen und unser Verstand zum Vergessen neigen, und dass wir alle mit geistlicher Amnesie zu kämpfen haben. Gott erinnerte das Volk Israel mit den Worten: „Und *denke* daran, dass du Sklave warst im Land Ägypten und dass der HERR, dein Gott, dich mit starker Hand und mit ausgestrecktem Arm von dort herausgeführt hat!"[17] Die Israeliten hatten vergessen, dass der Herr sie aus Ägypten geführt hatte. Und es dauerte nicht lange, bis die Amnesie zuschlug. Wenn wir in der Gegenwart mit etwas zu kämpfen haben, dann müssen wir uns daran erinnern, was Gott bisher für uns getan hat.

Wenn wir in der Gegenwart mit etwas zu kämpfen haben,
dann müssen wir uns daran erinnern,
was Gott bisher für uns getan hat.

Wie ich schon erzählt habe, habe ich den Schrecken des intellektuellen Zweifels schon kennengelernt, aber ich hatte auch unverkennbare Begegnungen mit Gott. Wenn ich also von Zweifeln geplagt werde, *denke ich an diese Zeit*. Ich erinnere ich mich an diese Begegnungen im Glauben und dann denke ich daran, dass es in meiner Beziehung zu Gott mehr gibt als die Suche nach Antworten auf meine Fragen.

Ich ***erinnere*** *mich an die Nacht, als er mich in seinen Dienst rief.* Dieser Ruf schien so persönlich zu sein.

*Ich **erinnere** mich, wie ich den himmlischen Vater auf den Knien und im Gebet um die Hand Heathers anhielt.* Ich *erinnere* mich an seine spürbare Gegenwart, die sich wie Morgentau auf mich legte. Er war anwesend; eine Erfahrung, nicht von dieser Welt.

*Ich **erinnere** mich, wie ich unter Tränen um Gottes Führung betete*, ob ich an das *Central Baptist College* in Conway, Arkansas, gehen sollte. Ich hatte keine Ahnung, welche Schule ich auswählen sollte. Heather kam aus Arkansas und hatte mir von der kleinen Bibelschule in der Nähe von ihrem Zuhause erzählt. Ich beschwor Gott, diese Entscheidung zu bestätigen, und ich *erinnere* mich, wie ich einige Stunden später an einer Konferenz der *Saddleback Church* in Kalifornien teilnahm, bei der ein neben Heather sitzender Mann sie auf ihren Akzent ansprach.

„Woher kommen Sie?", fragte er.

„Aus Arkansas", sagte sie.

„Ich habe in einer kleinen Stadt namens Conway in Arkansas gelebt", sagte er.

„Ich habe dort eine kleine Schule besucht, von der Sie sicherlich noch nie etwas gehört haben, das *Central Baptist College.*"

Heather konnte es nicht glauben. Sie wusste, dass wir um Gottes Führung gebeten hatten. Und als sie mir alles erzählte, wusste ich, dass ich meine Antwort bekommen hatte. Stellen Sie sich das vor: Einige Stunden vorher hatte ich in meinem kleinen schwarzen Ford Ranger Pickup Gott um Führung gebeten, und auf einer Konferenz, an der 2000 Menschen teilnahmen, setzte Gott jemanden neben Heather, der genau das gleiche College besucht hatte, um das ich Gott befragt hatte. Daran *erinnere* ich mich.

*Ich **erinnere** mich an das machtvolle Wirken des Geistes Gottes* am 39. Tag meiner 40-tägigen Fastenzeit. An diesem Tag fand eine große Erweckungsbewegung auf dem Collegegelände statt. Leben wurden verändert. Seelen wurden gerettet. Und ich staunte nur. Ich habe so etwas seitdem nie mehr gesehen.

Ich ***erinnere*** *mich, wie ich Gott gebeten hatte, mir zu zeigen*, ob ich eine Gemeinde in der Gegend rund um Lake Norman in North Carolina, in den ersten Vororten nördlich von Charlotte, gründen sollte. An einem Dienstagabend hatte ich gesagt: „Ich brauche von Gott wirklich ein klares Zeichen, ob wir in Lake Norman eine Gemeinde gründen sollen." Heather und ich flogen an einem Samstag von Texas nach North Carolina, und am Freitag davor hatte ich am *Dallas Theological Seminary* am Griechisch-Unterricht teilgenommen. Während des Unterrichts fragte mich ein Student neben mir, den ich kaum kannte: „Und wann machst du deinen Abschluss?"

(Die Griechisch-Stunde muss an diesem Tag ziemlich langweilig gewesen sein.)

Ich antwortete: „Ich fliege morgen nach North Carolina, weil wir daran denken, dort eine Gemeinde zu gründen."

„In welcher Gegend von North Carolina?", fragte er.

„Wir denken an das Gebiet rund um Lake Norman." Ich werde nie vergessen, was er dann sagte.

„Unglaublich. Ich habe das *Davidson College* in Lake Norman besucht. Ich bin sogar vor einer Woche in meiner Nachbarschaft joggen gegangen. Später habe ich zu meiner Frau gesagt: ‚Wäre es nicht cool, wenn wir ein Ehepaar finden könnten, die daran interessiert sind, im Gebiet von Lake Norman eine Gemeinde zu gründen?'"

Dieser Jemand war Matt Hatfield. Heute ist er nicht nur einer meiner besten Freunde, sondern er gehört auch, wie ich, zum Ältestenrat der *Life Fellowship Church* in Davidson, North Carolina. Diesen Moment *vergesse* ich wirklich *nicht*.

Ich ***erinnere*** mich an den nächsten Tag in Charlotte und wie ich – typisch Bobby eben – wieder mit Zweifeln zu kämpfen hatte. Ich war wie Gideon, der noch ein Zeichen haben wollte. Es war ein großer Schritt und ich wollte sicher sein, dass Gott uns dort haben wollte. Ich wollte in Lake Norman keine Gemeinde gründen, weil es dort schön war oder die Stadt demografisch wuchs. Ich wollte, dass es Gottes Wille war.

Am Montagmorgen gingen wir daher in Charlotte zu einer Stelle, wo demografische Informationen zur Verfügung gestellt werden, als eine Dame hörte, wie wir darüber sprachen, dass die *Fellowship Bible Church* von Little Rock eventuell in der Gegend von Lake Norman eine Gemeinde gründen wollte.

„Ich kenne Don und Sally Meredith", sagte sie. „Sie gehörten zu den Gründern der *Fellowship Bible Church* von Little Rock und jetzt leben sie in der Nähe von Lake Norman. Es gibt momentan eine Gruppe, die für eine neue Gemeinde wie diese betet."

Ich war überwältigt. Sprachlos. Und überzeugt. Daran *erinnere* ich mich. Und von diesem Zeitpunkt an lag uns Lake Norman am Herzen. Jetzt leben wir schon seit 2004 dort. Und stellen Sie sich vor, die Merediths halfen uns bei der Gründung von *Life Fellowship,* und Melinda DeCusari, die Dame, die wir „zufällig" an jenem Tag getroffen hatten, diente in den ersten paar Jahren treu der Gemeinde.

Ich ***erinnere*** *mich an ähnliche Momente* und diese Erinnerungen ermutigen und erfreuen mich. Diese Erinnerungen helfen mir zu erkennen, wie Gott überall in meinem Leben seine Finger im Spiel hatte.

Entfachen Sie das Feuer Ihrer Leidenschaft für Christus wieder neu, indem Sie sich an seine Führung in Ihrem Leben erinnern.

Ich möchte Sie dazu ermutigen, einmal auf Ihr Glaubensleben zurückzuschauen, und das Feuer Ihrer Leidenschaft für

Christus wieder neu zu entfachen, indem Sie sich an seine Führung in Ihrem Leben erinnern.

ENTSCHEIDEN SIE SICH FÜR DEN GLAUBEN, AUCH WENN DINGE AUSSER KONTROLLE ZU SEIN SCHEINEN.

Als Petrus versuchte, mutig über das Wasser zu gehen und dabei fast ertrank, sagte Jesus: „Kleingläubiger, warum zweifeltest du?“[18] Ich denke: „Na ja, Jesus, weil Menschen gewöhnlich nicht auf Wasser laufen.“ Und Petrus hat es wenigstens versucht, oder?

Aber Jesus unterzog Petrus einer tieferen Prüfung. Denn Petrus zweifelte an *Jesus*. Das war das Problem. Solange unser Blick auf Jesus gerichtet ist, können wir Frieden bewahren, egal, wie turbulent die Umstände auch sind. Sogar in einem Sturm. Wie Jesaja schreibt: „Bewährten Sinn bewahrst du in Frieden, in Frieden, weil er auf dich vertraut.“[19]

Solange unser Blick auf Jesus gerichtet ist,
können wir Frieden bewahren,
egal, wie turbulent die Umstände auch sind.

An dieser Geschichte ist so verblüffend, dass Jesus tatsächlich glaubte, Petrus habe nichts zu fürchten, solange er seinen Blick nur auf ihn richtete. Wenn Sie das nächste Mal von Zweifeln geplagt werden, denken Sie an dieses Prinzip und richten Sie Ihren Blick wieder auf Jesus. Solange Petrus auf Jesus schaute, *lief* er auf dem Wasser. Erst als er nicht mehr auf Jesus schaute, fing er vor lauter Angst und Zweifel an unterzugehen. Genauso beginnen auch wir vor lauter Zweifel unterzugehen. Und denken Sie an die Aussage, die ich einmal gelesen habe: „Die härteste Zeit führt oft zu den größten Momenten in deinem Leben. *Bewahre den Glauben*. Letztendlich wird sich *alles* gelohnt haben.“

Halten Sie auch in schwierigen Zeiten durch. Am Ende werden Sie froh sein.

ERFORSCHEN SIE NICHT NUR IHREN GLAUBEN – LEBEN SIE IHN AKTIV AUS.

Die Philosophen C. Stephen Evans und R. Zachary Manis schreiben: „Wenn wir unsere ganze Zeit damit verbringen würden, kritisch über unseren Glauben nachzudenken, dann hätten wir keine Zeit mehr, diesen Glauben aktiv auszuleben. Denn unser Glaube wird zum Teil daran gemessen, wie wir ihn vorleben."[20] Diese Aussage soll nicht das ernsthafte Studium der Schrift schmälern. Evans und Manis betonen, dass überzeugte Gläubige in ihrer Suche nach der Wahrheit bereit sind, ihre Ansichten möglichen Gegenargumenten zu unterwerfen und die Unterschiede zu untersuchen:

Wenn jemand wirklich davon überzeugt ist, dass sein Glaube wahr ist, dann wird er nicht davor zurückschrecken, Gegenargumente zu untersuchen. Wenn sich jemand seines Glaubens sicher und davon überzeugt ist, wird er auch eine Prüfung befürworten. Ein Glaube, der sich kritischen Fragen entzieht, ist ein Glaube, dem man nicht voll vertraut; ein Glaube, der *nicht* die Gewissheit hat, dass er die Wahrheit gefunden hat. Auch wenn es sich paradox anhört, macht das Vertrauen in die eigenen Überzeugungen es erst möglich, diese Überzeugungen ernsthaft auf die Probe zu stellen.[21]

Obwohl diese Autoren das gewissenhafte Studium ausdrücklich hervorheben, wissen sie, dass unser Glaube mehr ist als nur eine akademische Übung. Der Glaube soll *gelebt* werden. Sogar Jesus betonte diese enge Verknüpfung zwischen Tun und Wissen, als er sagte: „Wenn jemand seinen Willen tun will, so wird er von der Lehre wissen, ob sie aus Gott ist oder ob ich aus mir selbst rede."[22] Beachten Sie den Zusammenhang. Halten Sie sich daran. Wenn Sie Gott und anderen dienen, bleibt keine Zeit, sich zwanghaft mit sich selbst zu beschäftigen.

Vielleicht brauchen Sie eine Pause vom eigenen Ich.
Zweifel können uns dazu bringen,
dass wir nur auf uns schauen.

Vielleicht brauchen Sie eine Pause vom eigenen Ich. Zweifel können uns dazu bringen, dass wir nur auf uns schauen. Seien Sie also vorsichtig. Lassen Sie nicht zu, dass die Zweifel Ihren Verstand beherrschen. Befreien Sie sich und fangen Sie an zu leben.

WECHSELN SIE VOM SKEPTISCHEN ZWEIFELN ZUM BEGEISTERTEN STAUNEN

Immer dann, wenn Sie Zweifel durch Staunen ersetzen können, haben Sie einen schönen Tausch gemacht. Diejenigen, die nur ein paar Fragen haben, denen man sich widmen muss, können vielleicht alle ihre Zweifel ausräumen. Aber andere, die wie ich eine größere Sammlung von Zweifeln haben, brauchen vielleicht ein kleines Wunder. Während der Zweifel Hoffnungslosigkeit hinterlässt, erzeugt das Staunen Hoffnung. Der Zweifel ist von Natur aus eher zynisch, das Staunen eher optimistisch. Der Zweifel verachtet Geheimnisse, das Staunen feiert sie. Und der Glaube nährt sich davon.

Thomas von Aquin, ein Philosoph aus dem 13. Jahrhundert, war ein fortschrittlicher Denker, der sich mit den Zweifeln und Einwänden der Menschen beschäftigte und gut durchdachte Antworten niederschrieb. Nachdem er viele Bücher geschrieben hatte, hatte dieser italienische Intellektuelle einige Monate vor seinem Tod am 6. Dezember 1273 während der heiligen Messe eine ganz besondere Gottesbegegnung. Dieses Erlebnis war so tiefgreifend, dass er nie mehr etwas niederschrieb. Er sagte zu einem Freund: „Ich kann nicht mehr, denn alles, was ich geschrieben habe, scheint mir wie Stroh zu sein im Vergleich mit dem, was ich gesehen habe und was mir offenbart worden ist.“ Jede möglicherweise noch vorhandene Skepsis in Aquin verschwand nach dieser Begegnung mit Gott. Jeglicher vorhandene Zweifel verwandelte sich in Begeisterung und Staunen.

Wenn Gottes Großartigkeit Sie verwirrt, denken Sie daran, Ihre Zweifel durch Staunen zu ersetzen.

Auch wenn wir keine ähnliche Erfahrung machen, erleben wir doch kleine Wunder. Wenn Gottes Großartigkeit Sie verwirrt, denken Sie daran, Ihre Zweifel durch Staunen zu ersetzen. Erinnern Sie sich, wie der Engel Zacharias und Maria erschien und ihnen die bevorstehenden Wunder verkündete? Zacharias wurde gesagt, dass seine Frau im hohen Alter schwanger werden würde. Und Maria sollte den Messias zur Welt bringen, obwohl sie Jungfrau war. Beide erlebten ein Wunder. Beide reagierten anders darauf. Zacharias Zweifel brachten ihn zum Unglauben; Maria hegte Zweifel, hielt aber am Glauben fest. Trotz ihrer Zweifel sang sie sogar ihr beispielloses Loblied.[23]

SPIRITUELLES FASTEN ALS SCHLÜSSEL FÜR GEISTLICHE DURCHBRÜCHE

Fasten ist ein Weg, um spirituelle Durchbrüche zu erleben. Ich habe erlebt, wie Gott Erstaunliches in meinem Leben bewirkte, wenn ich kürzere oder längere Zeit gefastet hatte. Fasten bedeutet, für eine gewisse Zeit auf Nahrung (oder etwas anderes, wie Technik) zu verzichten. Durch Fasten wird der Geist gestärkt. Unser Leben ist kompliziert, aber wenn wir auf Nahrung verzichten, können wir diese Zeit dafür benutzen, um Gott im Gebet, in der Besinnung oder durch Bibelstudium näherzukommen und wir können einige große Durchbrüche erleben. Fasten kann Körper und Geist erfrischen.[24]

Wir haben in diesem Kapitel vieles abgedeckt. Und wie bei jedem GPS gibt es immer mehrere Wege, um ans Ziel zu kommen. Nehmen Sie sich doch ein wenig Zeit, um – auf Grundlage der Dinge, die wir zusammen gelernt haben – Ihren eigenen Routenplan zu erarbeiten. Schreiben Sie Ihre Strategie in Stichworten auf und machen Sie sich auf den Weg, damit Ihr Glaube gestärkt wird und Sie voller Zuversicht sind.

REFLEXIONEN ÜBER DEN ZWEIFEL

- Nehmen Sie Ihren Zweifeln die Kraft, indem Sie sich weigern, sich übermäßig mit ihnen zu beschäftigen.
- Urteilsvermögen ist die Fähigkeit, zu wissen, was man anzweifeln und was man glauben soll.
- Der Zweifel ist von Natur aus eher zynisch und das Staunen eher optimistisch.

FRAGEN ZUM NACHDENKEN UND ZUR WEITEREN DISKUSSION

1. Welche Vorgehensweise in diesem Kapitel hat Sie am meisten angesprochen?
2. Bobby unterscheidet zwischen *zweifeln* und *staunen*. Was ist Ihrer Meinung nach der Unterschied zwischen diesen Begriffen? Sind Sie eher ein Zweifler oder jemand, der staunt?
3. Leider vergessen wir oft, wie Gott gewirkt hat. Warum ist das so und wie können wir lernen, uns besser an Gottes Wirken in unserem Leben zu *erinnern*?
4. In diesem Kapitel wurde die Idee aufgegriffen, dass wir „unsere Zweifel anzweifeln“ müssen. Wie kann die Gabe

der Unterscheidung Christen dabei helfen, festzustellen, was sie glauben und was sie nicht glauben sollen?

5. Jesus sagt: „Wenn jemand [Gottes] Willen *tun* will, so wird er von der Lehre *wissen*, ob sie aus Gott ist oder ob ich aus mir selbst rede." Denken Sie über diese Aussage Jesu nach. Was haben *Tun* und *Wissen* miteinander zu tun, und können Sie ein Beispiel für einen „Aha-Moment" nennen, als Sie die Wahrheit erkannten, indem Sie die Wahrheit taten?
6. Bobby sagt: „Die Suche nach Gott ist eine ganzheitliche Disziplin. Dabei ist Ihr *ganzes Ich* gefordert. Gottes Verheißung steht auf dem Spiel: ‚So werdet ihr mich finden'. Aber es gibt auch eine Bedingung: ‚Fragt mit eurem ganzen *Herzen* nach mir.' Wie geschieht das eigentlich? Und wie können wir wissen, ob wir ihn mit unserem ganzen Herzen gesucht haben?

9

Den Glauben definieren

„Letztendlich ist das Problem des Menschen nicht das Fehlen der Beweise, sondern die Unterdrückung derselben."
Ravi Zacharias

„Der Glaube ist kein Sprung ins Ungewisse, sondern genau das Gegenteil. Er ist eine Entscheidung, der auf Beweisen beruht."
John Lennox

Es ist kein Geheimnis, dass sich unsere Gesellschaft schnell verändert und unter Gläubigen absolute Verwirrung erzeugt. Viele Gläubige, einst voller Leidenschaft, erleben heute, wie sich massive Zweifel ausbreiten.

In diesem Buch haben wir gesehen, dass Zweifel uns gewissermaßen spalten und uns geistlich instabil machen. Und wir haben über die Folgen gesprochen, als ich beschrieb, welch heftige Qualen der Zweifel auslöst. Aber wir haben auch erkannt, dass Jesus mit unseren Zweifeln umgehen kann. Dann haben wir über verschiedene Auslöser von Zweifeln gesprochen. Wir haben uns mit den unterschiedlichen Arten vertraut gemacht, wie Zweifel unser Leben durcheinanderbringen können. Als nächstes haben wir die Wurzel des Zweifels untersucht und über die Rolle Satans gesprochen und wie er versucht, uns durch Zweifel zu vernichten. Denken Sie daran, dass er weder unterschätzt noch überschätzt, sondern richtig eingeschätzt werden muss. Wir haben auch einige Facetten des Zweifels betrachtet, wie etwa den intellektuellen, emotionalen, geistlichen und offensichtlichen Zweifel. Schließlich haben wir über Wege und Möglichkeiten gesprochen, Zweifel zu überwinden. Und jetzt ist es Zeit, dass wir lernen, wie wir trotz der Zweifel *am Glauben festhalten.*

Glaube ist notwendig,
wenn wir unsere Zweifel niederschlagen
oder zumindest verringern wollen.

In diesem Kapitel werden wir den Glauben definieren. Glaube ist notwendig, wenn wir unsere Zweifel niederschlagen oder zumindest verringern wollen. Die gute Nachricht ist, dass der Glaube Gott erfreut. Es gefällt ihm, wenn wir an ihn glauben. Seien Sie also ermutigt. Unser Glaube erfreut ihn unermesslich. Lesen Sie, was der Autor des Hebräerbriefes schreibt: „Ohne Glauben aber ist es *unmöglich, ihm wohlzugefallen*; denn wer Gott naht, muss glauben, dass er ist und denen, die ihn suchen, ein Belohner sein wird.“[1] Lassen Sie diese Worte erst mal wirken. Ohne Glauben kann man Gott nicht gefallen. Der Autor sagt nicht: „Ohne *Gewissheit* ist es unmöglich, ihm zu gefallen.“

Es ist kein Wunder, dass der Glaube ein wesentliches Element ist, das jeder Gläubige braucht, um Gott zu gefallen. Er weiß, dass wir nicht allwissend sein können. Nur Gott weiß alles. Denken Sie daran, dass wir begrenzt sind. Endlich. Und menschlich. Unsere Endlichkeit sehnt sich nach Glauben, aber unsere *gefallene Seite* sucht weiterhin vergeblich nach Sicherheit und Gewissheit in jedem Detail unseres Lebens und Glaubens. Die andere Hälfte dieses Verses sagt: „Denn wer Gott naht, muss glauben, dass er ist und denen, die ihn suchen, ein Belohner sein wird."

Was sagt uns dieser Vers also?

Erstens: Sich Gott zu nähern bedeutet, an seine Existenz zu ***glauben****.* Das doch wohl selbsterklärend sein, oder? Aber wie viele von uns haben schon leere Gebete und herzlose Lippenbekenntnisse gesprochen und sind durch Glaubenskrisen gegangen? Ich schon. Und ich wette, Sie auch. So jemanden nennt man einen „funktionalen Atheisten". Man bekennt sich zu Gott, lebt aber so, als würde er nicht existieren.

Zweitens: Gott ***belohnt*** *jene, die ihn im Glauben suchen.* Das ist doch aufregend. Nicht nur unser Glaube erfreut Gott, sondern unser Glaube wird auch von ihm belohnt.

Drittens: Wir haben Vorbilder, die wir nachahmen sollen. Das steht in Hebräer 11, welches auch „das Glaubenskapitel" heißt. Wir nennen es so, weil in diesem Kapitel gottesfürchtige Glaubenshelden beschrieben werden. Dieses Kapitel enthält sogar eine lange Liste dieser Glaubenszeugen. Der Autor beschreibt den Glauben von Noah, Abraham, Sarah, Isaak, Jakob, Josef, Mose, der Israeliten, Rahab, Gideon, Barak, Simson, Jeftah, David, Samuel, von Propheten, gläubigen Frauen, verfolgten Gläubigen und sogar Märtyrern.

Ziemlich viele Prominente, nicht wahr?

Wenn wir Hebräer 11 lesen, dann fällt uns auf, dass diese Glaubensvorbilder zwei erkennbare Eigenschaften gemeinsam haben. Erstens: Obwohl keiner von ihnen vollkommen war, zeigten sie doch alle großen Glauben an Gott. Jeder unvollkommene Gläubige kann Glauben haben. Und es kommt nicht auf das *Maß* des Glaubens an, sondern auf die *Art*, wie man glaubt. Auch ein einfacher Glaube kann wirksam sein und Gott gefallen.[2] Er kann ihn gebrauchen – trotz aller Fehler. Auch wenn unvollkommene Menschen einen solchen Glauben hatten, war es immer noch Glauben. Darauf können wir uns verlassen. Wenn wir zeigen, dass wir an Gott glauben – dann hat er Wohlgefallen daran. Er *wird* ihn belohnen. Und er wird ihn sogar gebrauchen. Dies führt jedoch zu der Frage: *Was ist Glaube*?

Auch wenn Ihnen etwas anderes beigebracht wurde, sind Glaube und Vernunft keine Feinde.

Manchmal ist der beste Weg etwas zu verstehen, herauszufinden, was es *nicht* ist. Der Glaube ist kein Freibrief für Unsinn. Zu glauben bedeutet nicht, wissenschaftliche Tatsachen leichtsinnig abzulehnen. Auch wenn Ihnen etwas anderes beigebracht wurde, sind Glaube und Vernunft keine Feinde. Sie sind Verbündete. Freunde. Kollegen. Sie arbeiten zusammen. Sie harmonisieren miteinander. Und Christen sind nicht die Einzigen, die einen Glauben haben. Jeder glaubt an etwas. Auch der leidenschaftlichste Atheist, der denkt, dass alle seine Schlussfolgerungen auf soliden Beweisen beruhen, glaubt an irgendetwas in seinem Leben. Jemanden, der einfach an gar nichts glaubt, gibt es nicht.

In diesem Zusammenhang wollen wir weiter herausfinden, was Glaube nicht ist, und versuchen, das Wesen des Glaubens zu erforschen.

DER GLAUBE IST KEIN GLAUBE OHNE BEWEISE

Diese Gegensätzlichkeit von Glauben und Vernunft wird oft von Antitheisten wie Steven Pinker, einem Harvard-Kognitionspsychologen, vorgebracht, der erklärt: „In den Universitäten geht es schlicht und einfach um die Vernunft. Der Glaube – etwas zu glauben, ohne guten Grund dafür zu haben – hat seinen

Platz nur innerhalb religiöser Institutionen und daran fehlt es unserer Gesellschaft nicht."[3]

Welch ein bedauerliches Missverständnis des Wortes *Glaube*. Wenn der Glaube wirklich weder Grund noch Beweise hat, dann bin ich nicht daran interessiert. Und ich vermute, Sie auch nicht. Der Glaube hat jedoch nichts mit Dummheit, Naivität oder sogar Unwissenheit zu tun. Der Glaube an Christus ist nicht zu vergleichen mit dem kindlichen Glauben an die Zahnfee oder den Osterhasen oder den Weihnachtsmann. Das Buch der Apologeten Ken Boa und Robert Bowman macht diesen Unterschied schon in seinen treffenden Titel deutlich: *Faith Has Its Reasons* (Der Glaube hat seine Gründe). Es gibt keine vernünftigen Beweise – abgesehen von Mama und Papa – für die Zahnfee oder den Osterhasen oder den Weihnachtsmann.

Der Glaube an Christus ist nicht zu vergleichen
mit dem kindlichen Glauben an die Zahnfee
oder den Osterhasen oder den Weihnachtsmann.

Während einer Lesung sagte der Atheist Richard Dawkins: „Glaube ist eine faule Ausrede, ein Vorwand, nicht mehr denken und seine Überzeugungen rationell begründen zu müssen. Glauben bedeutet, überzeugt zu sein trotz, ja, vielleicht sogar wegen mangelnder Belege."[4] In seinem Buch *Der Gotteswahn* erklärt Dawkins großspurig: „Religion ist schädlich, weil sie Leuten beibringt, dass sie ihren Glauben nicht begründen müssen, sie müssen keine Beweise für ihre Glaubensinhalte liefern."[5]

Sam Harris, einer der bekanntesten Vertreter des Neuen Atheismus, greift auf diese Aussage zurück, wenn er sagt: „Glaube ist im Prinzip nichts anderes, als dass gläubige Menschen sich gegenseitig die Erlaubnis geben, ohne Beweise an etwas zu glauben."[6] Ich weiß nicht, auf welchen Glauben sich

Harris bezieht, aber es hat nichts mit dem Glauben zu tun, den die Bibel vertritt (oder ich).

Ich gebe zu, dass manche Gläubige den christlichen Verstand herunterspielen. Ich spreche von denen, deren Mantra lautet: „Glaube einfach“, ohne dabei ihren Verstand einzuschalten. Aber sie repräsentieren nicht das ganze Christentum.

Es gibt viele Christen, die leidenschaftlich dafür eintreten, den Verstand einzusetzen, um den christlichen Glauben zu untersuchen. Diese Gläubigen haben den Verstand nicht einfach auf Kosten einer intellektuellen Faulheit fallen gelassen. Sie wissen, dass der Glaube kein Glaube *ohne* glaubhafte Beweise ist, sondern dass für den Glauben stichhaltige Beweise *vorliegen.* Zwischen beiden besteht ein gewaltiger Unterschied.

Die von mir erwähnte Sichtweise der Neuen Atheisten ist in ihren Kreisen weit verbreitet. Aber das ist nichts Neues. Mark Twain scherzte einst: „Glaube ist, wenn man was glaubt und weiß, es ist nicht so.“ Mit diesen Diskussionen will man Gläubige herabsetzen. Wir sollen uns schämen und das Gefühl bekommen, dumm, einfältig und unqualifiziert zu sein. Letztendlich ist das Ziel, uns wegen unseres Glauben zum Schweigen zu bringen. Und doch leugnen so viele sogenannte Intellektuelle, dass es stichhaltige Beweise gibt, und zwar im Namen des Zweifels oder der Skepsis.

Trotzdem leugnen so viele sogenannte Intellektuelle, dass es stichhaltige Beweise gibt und zwar im Namen des Zweifels oder der Skepsis.

Betrachten wir beispielsweise die Auferstehung. Für den Christen steht und fällt alles mit der Auferstehung Jesu Christi. Wenn er nicht von den Toten auferstanden wäre, dann wäre unser Glaube bedeutungslos. Ein Mythos. Nicht nur das Grab, auch unser Glaube wäre leer.

Der Apostel Paulus hört sich in 1. Korinther 15 nicht wie jemand an, der sich ohne Verstand gerade auf einem mystischen, himmlischen Trip befindet, als er über die Auferstehung spricht. Im Gegenteil, in seiner großen Abhandlung über die Auferstehung behauptet er felsenfest: „Wenn aber Christus nicht auferweckt ist, so ist euer Glaube nichtig, so seid ihr noch in euren Sünden."[7] Wenn Sie das ganze Kapitel lesen, erkennen Sie schnell, dass Paulus für die Auferstehung *Beweismaterial* zusammenträgt. Es gibt stichhaltige *Beweise*, dass Jesus wirklich von den Toten auferstanden ist.[8]

Nachdem der ehemalige Atheist Christian Lee Strobel die Auferstehung Jesu Christi untersucht hatte, sagte er: „Nachdem ich die ganze Sache gründlich untersucht hatte, kam ich zu dem überraschenden Ergebnis: Ich würde tatsächlich mehr Glauben brauchen, um meinen Atheismus aufrechtzuerhalten, als um ein Nachfolger Jesu zu werden."[9] Was war geschehen? Strobel hatte stichhaltige Beweise für den Glauben erhalten.

Es scheint jedoch, dass manche Menschen ungeachtet der Beweise einfach nur zweifeln wollen. In seinem Buch *Jesus – der einzig wahre Gott?* schreibt Ravi Zacharias:

> Ich bin davon überzeugt, dass es zehntausende Studenten gibt, die unsere Universitäten verlassen, deren Verstand so darauf getrimmt wurde, ungeachtet jeglicher Gegenargumente oder stichhaltiger Beweise, nicht an Gott zu glauben. Der Vater des modernen Rationalismus ist der französische Philosoph René Descartes. Sein berühmtester Spruch – „Ich denke, also bin ich" – hallt immer noch in den Ohren aller Philosophen. Von der fundamentalistisch-rationalistischen Herangehensweise an die Frage der Existenz haben Skeptiker ihre eigene Maxime entwickelt – „Ich zweifle, also bin ich ein Intellektueller." Viele glauben, dass sich hinter dieser Art

zu zweifeln ein besonderer Intellekt verbirgt. Man sollte sich doch lieber den Fragen des Intellekts offen und ehrlich stellen.[10]

Christen und Atheisten glauben an Beweise. Und ich spreche auch nicht über mühsam zusammengetragene, kleine Beweisstücke. Nein, beide Gruppen legen Beweise vor, um ihre Glaubensüberzeugungen zu untermauern. Und beide setzen ihr Vertrauen auf ihre Erkenntnisse und Beweise. Die Frage ist nur: Wer hat Recht? Wer hat die überzeugendsten und glaubwürdigsten Beweise?

Der leidenschaftliche Atheist zieht die Beweise für seinen Glauben aus dem Materialismus, während der leidenschaftliche Christ die Beweise für seinen Glauben sowohl aus dem Materialismus als auch aus dem Übernatürlichen gewinnt. Christen glauben nicht ohne Beweise. Und Atheisten haben keine Beweise ohne Glauben. Christen wie Atheisten haben beides, Glauben *und* Beweise.

Ich stimme jenen zu, die sagen:
„Ich habe nicht genug Glauben, um Atheist zu sein."

Ich stimme jenen zu, die sagen: „Ich habe nicht genug Glauben, um Atheist zu sein." Einer der Unterschiede zwischen einem Atheisten und einem Christen ist, dass der Atheist zwei Schwachpunkte hat. Er glaubt nicht, dass Christen Beweise haben und er glaubt nicht, dass *er* Glauben hat. Wenn man in doppelter Hinsicht blind ist, ist es schwer, etwas klar zu erkennen. Auch ist es schwierig, einem blinden Menschen zu folgen. Daher orientiere ich mich mit meinem Glauben an denjenigen, die sehen können.

DER GLAUBE IST KEINE KRÜCKE FÜR LEICHTGLÄUBIGE

Unter den Christen befanden sich schon immer viele aussagekräftige Denker, die voller Leidenschaft an Gott glaubten. Das Christentum ist keine Krücke für Leichtgläubige und willensschwache Denker. Denken Sie an die hochintelligenten gläubigen Menschen wie Nikolaus Kopernikus, Sir Francis Bacon, Johannes Kepler, Galileo Galilei, Blaise Pascal, Isaak Newton, Robert Boyle und Michael Faraday. Diese Denker waren keine Dummköpfe. Oder denken Sie an die bedeutenden Theologen und Philosophen wie Augustinus, Thomas von Aquin, Martin Luther, Johannes Calvin, Jonathan Edwards, Sören Kierkegaard, Dietrich Bonhoeffer, G.K. Chesterton, und C.S. Lewis. Unter ihnen befindet sich kein intellektueller Versager.

Christliche Intellektuelle sind keine Relikte aus der Vergangenheit; auch heute noch gibt es Hochgelehrte unter uns. Namen wie Alvin Plantinga, Richard Swinburne, William Lane Craig, N.T. Wright, Alister McGrath, John Lennox und viele mehr schmücken die akademische Welt mit ihren klugen Köpfen. Wenn ich mir diese Liste anschaue, dann denke ich: nicht schlecht. Und wir kratzen hier nur an der Oberfläche.

Es ist verlogen, zu behaupten,
dass zur Gemeinschaft der Gläubigen
nur einfältige Menschen gehören.
Wir haben einige bedeutende Theologen unter uns.

Allerdings will ich damit nicht sagen, dass der christliche Glaube nur etwas für helle Köpfe oder die intellektuelle Elite ist. Ich möchte einfach nur zeigen, dass es verlogen ist, zu behaupten, dass zur Gemeinschaft der Gläubigen nur einfältige Menschen gehören. Wir haben einige bedeutende Theologen unter uns. Die Gelehrten, die ich genannt habe, gehören zu den edelsten Denkern unserer Geschichte. Und darüber freue ich mich. Wenn ich auf intellektueller Ebene nicht mehr weiter komme, dann tröstet es mich zu wissen, dass es Menschen gibt, die weitaus klüger sind als ich, die immer noch vor dem großen ICH BIN niederknien.[11]

GLAUBE BEDEUTET NICHT, DASS ALLE IHRE FRAGEN BEANTWORTET WERDEN

Der Philosoph William Lane Craig sagt: „Das Geheimnis im Umgang mit Zweifeln im Leben eines Christen besteht nicht darin, alle Zweifel auszuräumen. Es wird immer unbeantwortete Fragen geben. Das Geheimnis liegt darin, zu lernen, trotz unbeantworteter Fragen siegreich zu leben."[12] Und auch das erreicht man durch Glauben. Unabhängig vom Glauben eines Menschen wird es im Leben immer unbeantwortete Fragen geben. Auch wenn der christliche Glaube hinreichende Beweise erbringt, liefert er keine vollständigen Beweise. Die Beweise für unseren Glauben an das, was wir wissen können, bekräftigten auch unseren Glauben an das, was wir nicht wissen können.

> Die Beweise für unseren Glauben an das, was wir wissen können, bekräftigten auch unseren Glauben an das, was wir nicht wissen können.

Zum Beispiel: Obwohl wir keine außerbiblischen Beweise für das *ganze* Alte Testament haben, hat Jesus doch das Alte Testament in allen Teilen bestätigt. Aber wie kann das eine Hilfe sein? Wir können daraus folgern: Wenn Jesus wirklich von den Toten auferstanden ist, und wenn er an die alttestamentlichen Schriften glaubte, dann können wir – aufgrund seines Zeugnisses – auch voller Zuversicht glauben. Ich gebe zu, dass einige Stellen schwer zu verstehen sind, aber aufgrund unseres Verständnisses von Jesus und dem, was wir über ihn wissen, können wir auch im Glauben das Übrige akzeptieren.

Viele Zweifler geraten in Panik, wenn sie die Schwelle ins Unbekannte übertreten. Wenn wir jedoch unbekannte Gebiete ruhig und gelassen betreten, dann kann das unseren Glauben stärken.

GLAUBE IST KEIN BLINDES VERTRAUEN

Das ist wichtig. Das Cambridge-Wörterbuch definiert Glaube folgendermaßen: „Ein hohes Maß an Vertrauen in jemanden oder Zuversicht auf etwas."[13] In der Bibel gibt es Beispiele für unterschiedliche Grade des Glaubens.[14] Die amerikanische Dichterin Emily Dickinson aus dem 19. Jahrhundert schrieb einst: „Wir beide glauben und glauben wieder nicht, 100 Mal pro Stunde, was den Glauben flink hält."[15]

Offensichtlich wünscht sich Gott von uns ein hohes Maß an Glauben. Er will, dass wir ihm voll und ganz vertrauen. Trotzdem sind wir launische kleine Kreaturen. Beachten Sie, dass das Cambridge-Wörterbuch den Glauben nicht als einen Schuss ins Blaue bezeichnet. Zu glauben bedeutet vielmehr, „Vertrauen und Zuversicht" zu haben.

In ihrem Buch *In Search of Confident Faith* (Auf der Suche nach dem zuversichtlichen Glauben) definieren J.P. Moreland und Klaus Issler den Glauben als „Vertrauen in etwas, das auf Beweisen beruht".[16] Gemäß dieser Definition gehen Dawkins, Harris und dergleichen mit dem Begriff Glauben und seiner Bedeutung für den Gläubigen nicht ehrlich um. Moreland und Issler schreiben weiter: „Der Glaube ist nur so gut wie der Gegenstand, auf den wir unser Vertrauen setzen."[17] Sie haben erkannt, welche Verwirrung das Wort *Glaube* verursacht. Sie schlagen sogar vor, in unseren Diskussionen *Glaube* mit *Zuversicht* zu ersetzen.[18] Denken Sie mal darüber nach. Es gibt gute Gründe, um zuversichtlich zu sein. Das gleiche gilt für das Vertrauen. Wir setzen unser Vertrauen in jemanden oder etwas, weil wir glauben, dass das Objekt unseres Vertrauens glaubwürdig ist. Es stellt sich also heraus, dass der Glaube nicht inhaltsleer ist.

„Der Glaube ist nur so gut wie der Gegenstand, auf den wir unser Vertrauen setzen."

Aber wie sieht der Glaube aus? Denken Sie an den Baseballtrainer, der an seinen linkshändigen Ballwerfer glaubt, oder den Bauern, der daran glaubt, dass er eine gute Ernte einbringen wird, oder den Ehemann, der an die ewige Treue seiner Frau glaubt. Der Trainer, der Bauer und der Ehemann haben alles etwas gemeinsam. Sie alle haben Vertrauen.

Wenn ein Trainer sagt, dass er an seinen Ballwerfer glaubt, dann sagt er eigentlich: „Ich bin zuversichtlich, dass er seinen Job gut machen wird." Wenn der Bauer sagt, er glaubt, dass seine Saat eine Ernte abgeben wird, dann sagt er eigentlich: „Ich vertraue dem Naturgesetz von Saat und Ernte." Und wenn ein Ehemann sagt, er glaubt an die Treue seiner Frau, dann sagt er eigentlich: „Ich vertraue meiner Ehefrau." In allen Fällen liegen gute Gründe vor, um zu glauben, zu vertrauen und zuversichtlich zu sein. Der Trainer kennt die Stärken seines Ballwerfers, der Bauer glaubt, dass er erntet, was er säht, und der Ehemann hat vollständiges Vertrauen in den Charakter seiner Ehefrau.

Das hat überhaupt nichts mit blinden Glauben zu tun, der keine stichhaltigen Beweise hat. Viele Menschen wollen Ihnen mit ihrer spöttischen Sicht vom Glauben weismachen, dass der Glaube nichts weiter sei, als würde der Trainer sagen: „Ich habe großes Vertrauen in meinen Hund, dass er ein Tor schießen wird." Oder als würde der Bauer sagen: „Ich bin gespannt, welche Ernte der kürzlich ausgesäte Beton hervorbringt." Oder als würde der Ehemann sagen: „Ich weiß, dass meine Frau 30 Affären hatte, aber dieses Mal wird es anders sein. Das verspreche ich." Solchen Beispielen für den „Glauben" mangelt es an jeglicher Grundlage für Vertrauen.

Zuversicht setzt voraus, dass wir einen *Grund* zur Zuversicht haben. Und so ist es auch beim Glauben, weil der Glaube Zuversicht ist. Der Autor des Hebräerbriefes erklärt uns, was der Glaube ist: „Es ist aber der Glaube eine feste *Zuversicht* auf das, was man hofft, und ein *Nichtzweifeln* an dem, was man nicht sieht" (LUT).[19] Sowohl die Zuversicht als auch das Nichtzweifeln beruhen auf Beweisen, und genau das erzeugt feste Hoffnung.[20]

Ausgehend von diesen Überlegungen müssen wir daran denken, dass Beweise zwar wichtig sind, aber nicht ausreichen. Letztendlich müssen wir uns Gott hingeben.

Genau *das ist* Glaube.

REFLEXIONEN ÜBER DEN ZWEIFEL

- Wenn Sie das nächste Mal zweifeln, denken Sie daran, dass der Glaube Gott erfreut.
- Der Glaube hat nichts mit Dummheit, Naivität oder Unwissenheit zu tun.
- Wenn Sie Ihre Zweifel zerschlagen oder zumindest vermindern wollen, dann ist biblischer Glaube notwendig.

FRAGEN ZUM NACHDENKEN UND ZUR WEITEREN DISKUSSION

1. Bobby sagt: „Der Glaube erfreut Gott. Es *gefällt* ihm, wenn wir *an* ihn glauben." Warum ist es für Christen so wichtig, dies zu verstehen?
2. Das nächste Mal, wenn ein Atheist zu Ihnen sagt: „Glaube ist etwas für Dummköpfe" oder: „Glaube ist etwas, worauf sich Menschen stützen, wenn sie keine Beweise haben", was werden Sie darauf antworten?

3. Wenn Sie das Wort *Glaube (Vertrauen)* durch *Zuversicht* ersetzen, wird Ihnen dann der Glaube klarer?
4. Moreland und Issler schlagen vor, im Gespräch mit Ungläubigen statt *Glaube* lieber das Wort *Zuversicht* zu gebrauchen. Stimmen Sie mit dem Vorschlag überein oder nicht?
5. In diesem Kapitel hat Bobby uns eine ziemlich lange Liste mit intellektuellen Christen aus der Vergangenheit und der Gegenwart gegeben. Finden Sie das tröstlich? Wenn ja, warum?
6. Schauen Sie sich das kurze Interview auf *The One Minute Apologist* an, in dem Bobby Hank Hanegraaff fragt: „Was ist eine gute biblische Definition von Glauben?" (www.youtube.com/watch?v=Le0yZDykkmg). Sprechen Sie mit anderen über Ihre Gedanken und Reaktionen.

10

Am Glauben *festhalten*

„Der Glaube ist kein Glaube ohne Beweise,
sondern Vertrauen ohne Vorbehalt –
Vertrauen in einen Gott, der gezeigt hat,
dass er vertrauenswürdig ist.“
Alister McGrath

„Wie sehr ich den Glauben brauche,
merke ich besonders dann, wenn er mir fehlt.
Gottes Unsichtbarkeit garantiert,
dass ich Zeiten des Zweifels erfahren werde.“
Philip Yancey

Wenn wir über Glaubensthemen diskutieren, müssen wir wissen, dass nicht alle unsere Fragen beantwortet werden, zumindest nicht in diesem Leben. Sie fragen sich vielleicht: „Und was ist mit dem Mysterium? Beschäftigt sich der Glaube nicht nur einfach mit Dingen, die wir nicht vollständig verstehen?“

In seinem beliebten Buch *Orthodoxie* schreibt G.K. Chesterton bezüglich der Mystik: „Solange es das Mysterium gibt, bleiben die Menschen gesund; zerstört man es, liefert man sie dem Verfall aus. Der kranke Logiker bemüht sich überall um Klarheit und schafft es, alles ins Geheimnis zu hüllen. Der Mystiker findet sich damit, ab, dass es ein einziges Mysterium gibt und schon wird alles andere klar."[1]

Die Moral der Geschichte ist: Der sicherste Weg, den Verstand zu verlieren, ist der Versuch, alles verstehen zu wollen. Wir leben in einer Welt, die wir nie *ganz* begreifen werden. Und deswegen gibt es Geheimnisse. Der christliche Glaube hat durchaus seine Geheimnisse, aber, wie ich einst gelesen habe, „bedeutet Mysterium nicht, dass es keinerlei Bedeutung oder Sinn gibt, sondern dass es mehr Bedeutung und Sinn gibt, als wir je verstehen können."

Der sicherste Weg, den Verstand zu verlieren, ist der Versuch, alles verstehen zu wollen.

Während viele Zweifel für immer ein Geheimnis zu bleiben scheinen, dürfen Gläubige Gott in allen unberechenbaren Lebenslagen vertrauen, weil wir ihn in so vielem, das wir wissen können, für vertrauenswürdig erachten. Unser Wissen über Gott versetzt uns in die Lage, ihm in allen Lebenslagen zu vertrauen. Aufgrund der Beweise, die er uns gegeben hat, können wir ihm auch in den Dingen vertrauen, die wir nicht kennen.

Er hat uns Erkenntnis über sich selbst geschenkt, wie die Welt entstanden ist, wie wir vom Fluch der Sünde befreit und errettet werden und wie wir ihn persönlich kennenlernen können. Wenn er uns also dies alles gezeigt hat, können wir ihm auch in allen Geheimnissen, die wir noch nicht kennen oder verstehen, vertrauen. Außerdem sind Geheimnisse für Wunder wichtig, und Wunder sind gut für die Vorstellungskraft. In einem Zeitalter der Aufklärung, in dem alle Geheimnisse entschlüsselt wären, gäbe es keine Wunder und kein Staunen mehr, das Leben wäre nur noch langweilig, fade und banal.

Gott ist ein unendlich wunderbarer Gott und es schadet dem Gläubigen nicht, wenn das Leben Geheimnisse bereithält, die uns zum Staunen und Wundern bringen.

Gott ist ein unendlich wunderbarer Gott
und es schadet dem Gläubigen nicht,
wenn das Leben Geheimnisse bereithält,
die uns zum Staunen und Wundern bringen.

DIE ROLLE DES GLAUBENS IM LEBEN EINES CHRISTEN

Wir haben gesehen, dass der Glaube kein Glaube ohne Beweise ist. Er ist auch keine Krücke für Naive oder etwas für Narren. Der Glaube ist vielmehr Zuversicht und Vertrauen aufgrund glaubwürdiger Beweise. Aufgrund all dieser Beweise kann uns der Glaube helfen, wenn wir mit Geheimnissen und Rätseln des Lebens konfrontiert werden. Darüber hinaus offenbart die Schrift sogar noch mehr über den Glauben. Tatsache ist, dass die Bibel voll ist mit Versen über die Rolle des Glaubens im Leben eines Gläubigen. Hier sind einige Beispiele:

Wir sollen aus Glauben leben. Paulus schreibt an die Römer: „Der Gerechte aber wird aus Glauben leben."[2] Paulus gebraucht die gleiche Formulierung auch in seinem Brief an die Galater.[3] Und der Autor des Hebräerbriefes stimmt Paulus zu.[4] In allen drei Beispielen zitieren die Schreiber des Neuen Testaments den Propheten Habakuk aus dem Alten Testament.[5]

Der Glaube ist ein Lebensstil. Ein Leben in Abhängigkeit, und zwar in jedem Moment. Abhängigkeit von Gott. Vertrauen in Gott. Unsere Zuversicht und unser Vertrauen sind tief in ihm gegründet, durch alle Höhen und Tiefen des Lebens hindurch. Dies steht in engem Zusammenhang mit Paulus' Mahnung an die Korinther: „Denn wir wandeln durch Glauben, nicht durch Schauen."[6] Wir wandeln durch Glauben, indem wir unser ganzes Vertrauen und unsere Zuversicht auf Gott setzen.

Wir richten unseren Blick auf das Endziel und lassen uns durch die alltäglichen Prüfungen nicht davon abbringen, uns geistig auf Gott auszurichten. Wir bleiben mit ihm verbunden. Daher wandeln wir durch Glauben, nicht durch Schauen.

Wir sind errettet aus Gnade durch Glauben. Im Epheserbrief schreibt Paulus: „Denn aus Gnade seid ihr errettet *durch Glauben*, und das nicht aus euch, Gottes Gabe ist es."[7] Wir haben neues Leben in Christus bekommen, weil Gott uns Gnade und den rettenden Glauben schenkt.

Unser Glaube wird gestärkt, wenn wir Gott die Ehre geben. Genau das geschah mit Abraham. Abrahams Glaube nahm zu, weil er Gottes Verheißung vertraute, ihm einen Erben zu schenken, durch den alle Völker gesegnet werden würden. „[Er] zweifelte nicht durch Unglauben an der Verheißung Gottes, sondern *wurde gestärkt im Glauben*, weil er Gott die *Ehre gab*. Und er war völlig gewiss, dass er, was er verheißen habe, auch zu tun vermöge."[8]

Ich bin froh sagen zu können, dass nicht nur unsere Zweifel größer werden können. Auch unser Glauben kann wachsen.[9] Und die Zweifel werden kleiner, je mehr unser Glaube gestärkt wird. Wenn Sie Ihre Zweifel lindern möchten, dann stärken Sie Ihren Glauben. Je mehr der Glaube wächst, desto mehr Zweifel werden zerschlagen. In der Gegenwart eines starken Glaubens fallen Zweifel in sich zusammen. Stärken Sie daher Ihren Glauben. Vertiefen Sie ihn. Vergrößern Sie ihn, indem Sie voller Zuversicht Gottes Wort vertrauen und ihm die Ehre geben.

In der Gegenwart eines starken Glaubens fallen Zweifel in sich zusammen. Stärken Sie daher Ihren Glauben. Vertiefen Sie ihn. Vergrößern Sie Ihn.

Christus ist der Gegenstand unseres rettenden Glaubens. „Also ist der Glaube aus der Verkündigung, die Verkündigung aber durch das Wort Christi."[10] Indem wir die rettende Botschaft des Evangeliums hören, können wir uns über die Zweifel erheben, die uns daran hindern, zu Christus zu kommen.

Gott kann durch unseren Glauben andere trösten. So war es bei Timotheus, als er mit seiner guten Nachricht über den Glauben der Thessalonicher Paulus und seine Begleiter ermutigte: „Da jetzt aber Timotheus von euch zu uns gekommen ist und uns die gute Botschaft brachte von eurem Glauben und eurer Liebe, und dass ihr uns allezeit in gutem Andenken habt und sehr verlangt, uns zu sehen, wie auch wir euch: Deswegen, Brüder, sind wir über euch bei all unserer Not und Bedrängnis getröstet worden durch euren Glauben."[11] Wenn wir verzweifelt sind, dann können wir dankbar sein, dass es immer jemanden gibt, der uns durch seinen Glauben tröstet.

Der Glaube kann uns vor den Angriffen des Bösen schützen. Paulus schreibt an die Epheser: „Bei alledem ergreift den Schild des Glaubens, mit dem ihr alle feurigen Pfeile des Bösen auslöschen könnt."[12] Wenn wir den geistlichen Kampf überleben wollen, dann müssen wir den Schild des Glaubens tragen. Der Böse wird seine giftigen Pfeile des Zweifels auf uns richten, aber der Schild des Glaubens wird diese Zweifel abschmettern.

Wir sollten geistlichen Leitern folgen, die Vorbilder im Glauben sind. Der Autor des Hebräerbriefes schreibt: „Gehorcht und fügt euch euren Führern, denn sie wachen über eure Seelen, als solche, die Rechenschaft geben werden, damit sie dies mit Freuden tun und nicht mit Seufzen; denn dies wäre nicht nützlich für euch."[13] Welch eine Ermahnung.

Unser Glaube muss geprüft werden, damit wir echte Heiligung erfahren können. Jakobus schreibt: „Haltet es für lauter Freude, meine Brüder, wenn ihr in mancherlei Versuchungen geratet, indem ihr erkennt, dass die Bewährung eures Glaubens Ausharren bewirkt. Das Ausharren aber soll ein vollkommenes

Werk haben, damit ihr vollkommen und vollendet seid und in nichts Mangel habt."[14]

Das Gebet muss im Glauben gesprochen werden. Jakobus sagt auch: „Er bitte aber im Glauben, *ohne irgend zu zweifeln*; denn der Zweifler gleicht einer Meereswoge, die vom Wind bewegt und hin und her getrieben wird. Denn jener Mensch denke nicht, dass er etwas von dem Herrn empfangen werde, ist er doch ein wankelmütiger Mann, unbeständig in allen seinen Wegen."[15]

Die Qualität unseres Glaubens wird geprüft werden. „Darin jubelt ihr, die ihr jetzt eine kleine Zeit, wenn es nötig ist, in mancherlei Versuchungen betrübt worden seid, damit die Bewährung eures Glaubens viel kostbarer befunden wird als die des vergänglichen Goldes, das durch Feuer erprobt wird, zu Lob und Herrlichkeit und Ehre in der Offenbarung Jesu Christi; den ihr liebt, obgleich ihr ihn nicht gesehen habt; an den ihr glaubt, obwohl ihr ihn jetzt nicht seht, über den ihr mit unaussprechlicher und verherrlichter Freude jubelt; und so erlangt ihr das Ziel des Glaubens: die Rettung der Seelen."[16]

Unser Glaube an Jesus Christus wird uns letztendlich helfen, die Welt zu überwinden. „Denn alles, was von Gott geboren ist, überwindet die Welt; und unser Glaube ist der Sieg, der die Welt überwunden hat. Wer ist es aber, der die Welt überwindet, wenn nicht der, welcher glaubt, dass Jesus Gottes Sohn ist?"[17] Gerade dieser Glaube an Jesus Christus ist es, der schließlich siegen wird.

Christen sollen inmitten aller Irrlehren für den Glauben kämpfen. Judas mahnt, „... für den ein für alle Mal den Heiligen überlieferten Glauben zu kämpfen. Denn gewisse Menschen haben sich heimlich eingeschlichen, die längst zu diesem Gericht vorher aufgezeichnet sind, Gottlose, welche die Gnade unseres Gottes in Ausschweifung verkehren und den alleinigen Gebieter und unseren Herrn Jesus Christus verleugnen."[18]

Wenn Jesus wiederkommt, dann wird er nach Glauben suchen. In der Tat ist der Glaube so wichtig, dass Jesus sogar fragt: „Ich sage euch, dass er ihr Recht ohne Verzug ausführen wird. Doch wird wohl der Sohn des Menschen, wenn er kommt, den Glauben finden auf der Erde?"[19] Wird er in Ihnen Glauben finden? Und in mir? Ich hoffe es sehr.

Es ist schwer, mit Zweifeln umzugehen,
wenn wir nicht wissen, was die Bibel über den Glauben sagt.

Diese oben genannten Verse beschreiben, wie wichtig der Glaube im Leben eines Gläubigen ist. Ich möchte Sie dazu ermutigen, über diese Verse zu beten und darüber nachzudenken. Es ist schwer, mit Zweifeln umzugehen, wenn wir nicht wissen, was die Bibel über den Glauben sagt. Tatsache ist, dass nur der Glaube uns befähigt, unseren Zweifeln entgegenzutreten.

Philip Yancey schreibt in seinem Buch *Sehnsucht nach dem unsichtbaren Gott*: „Alle, die ehrlich mit ihren Zweifeln umgehen, entwickeln oft einen stärkeren Glauben, der die Zweifel überwindet."[20] Die gute Nachricht ist, dass Zweifel tatsächlich den *Glauben vertiefen* und stärken können. Nur durch unablässiges Suchen, Fragen und Prüfen können wir die Tiefen unseres Glaubens erforschen. Auch wenn der Zweifel unseren Glauben zerstören kann, kann er auch von Vorteil sein – nämlich dann, wenn der Zweifel auf Glauben stößt. Der Glaube kann uns aus dem Treibsand des Zweifels herausholen. Der Herr sagte zu dem Propheten Jesaja: „Glaubt ihr nicht, dann bleibt ihr nicht!"[21]

Nur durch unablässiges Suchen, Fragen und Prüfen
können wir die Tiefen unseres Glaubens erforschen.

Der Zweifel macht uns ruhelos. Der Glaube schenkt uns Ruhe. Der Zweifel spaltet uns innerlich. Der Glaube bringt uns in Einklang. Der Zweifel nimmt uns die Kraft; der Glaube gibt uns Kraft. Der Zweifel erzeugt Angst, Sorge, Zorn, Depressionen und mehr, während der Glaube Vertrauen, Gelassenheit, Friede und Hoffnung schenkt. Der Glaube lässt uns geistlich in die richtige Richtung blicken. Paulus drückt es so aus: „Denn wir sehen jetzt mittels eines Spiegels undeutlich, dann aber von Angesicht zu Angesicht. Jetzt erkenne ich stückweise, dann aber werde ich erkennen, wie auch ich erkannt worden bin."[22] Man kann Paulus förmlich hören, wie er sagt: „Wir haben für unseren Glauben bisher genug Beweise, aber es wird der Tag kommen, wenn alle Geheimnisse aufgedeckt und zur Gewissheit werden."

DER HEILIGE GEIST, DER VON SICH SELBST ZEUGNIS ABLEGT

Der Heilige Geist, der von sich selbst Zeugnis ablegt, spielt eine bedeutende Rolle bei der Bestätigung des Glaubens eines Gläubigen, besonders bei dem Gläubigen, der zweifelt. Paulus schreibt: „Der Geist selbst bezeugt zusammen mit unserem Geist, dass wir Kinder Gottes sind."[23] Der Heilige Geist, der innere Zeuge, gibt Gewissheit, dass der christliche Glaube rechtmäßig ist. Der abhängige Gläubige in Jesus weiß, dass der Heilige Geist eine Schlüsselrolle dabei spielt, um seine Zweifel zu beschwichtigen und der ihm – selbst wenn Beweise fehlen – die Wahrhaftigkeit des christlichen Glaubens bezeugt.

Alvin Plantinga, der wohl größte lebende christliche Philosoph, behauptet, dass ein Christ das Recht hat, an seinem Glauben festzuhalten, egal, ob er die Beweise dafür hat oder nicht. Plantinga veranschaulicht das anhand dieses Beispiels: Jemand, der eines Verbrechens beschuldigt wird, kann trotz aller Beweise, die gegen ihn sprechen, wirklich unschuldig sein.

Plantinga sagt, dass dieser Mensch das Recht hat, an die eigene Unschuld zu glauben, auch wenn es scheint, als sei er schuldig. Auch der Christ soll seinen Glauben nicht fallenlassen, auch wenn ihm die Worte fehlen und wenn er auf Einwände gegen den christlichen Glauben keine Antworten hat. Der Gläubige hat sogar das Recht, an seinem Glauben festzuhalten.

Das ist kein Wunschdenken. Genauso wie wir das Recht haben, ohne Beweise an eine reale äußere Welt oder an die Vergangenheit oder an Erinnerungen zu glauben, ist unser Glaube an Gott gerechtfertigt. Darüber hinaus stehen dem Christen – zusätzlich zu dieser Gewissheit – reichlich Beweise zur Verfügung. Fassen Sie sich also ein Herz. William Lane Craig benutzt Plantingas Argumentation und überträgt diese Logik auf den Heiligen Geist, um den christlichen Glauben zu untermauern.

Wie wir gesehen haben, können Zweifel uns lähmen. Sie können wie eine ständige dunkle Wolke über uns schweben. Sie können unsere Gefühle töten und unseren Glauben schwächen. Zweifel können sich wie eine unheilbare Krankheit anfühlen, die uns voller Verzweiflung und Hoffnungslosigkeit zermürbt.

Der feste Glaube an das Wirken des Heiligen Geistes kann diesen Weltschmerz lindern.[25] In Zeiten des Zweifels kann Epheser 1,13-14 wie Medizin wirken: „In ihm seid auch ihr, als ihr das Wort der Wahrheit, das Evangelium eures Heils, gehört habt und gläubig geworden seid, versiegelt worden mit dem Heiligen Geist der Verheißung. Der ist die Anzahlung auf unser Erbe auf die Erlösung seines Eigentums zum Preise seiner Herrlichkeit."

Wenn es etwas gibt, dessen wir uns sicher sein können, dann ist es das. Gott möchte nicht, dass wir christliche Agnostiker sind. Johannes, der Apostel, schrieb einen ganzen Brief, um den Glauben zu stärken: „Dies habe ich euch geschrieben, damit ihr *wisst*, dass ihr ewiges Leben habt, die ihr an den Namen des Sohnes Gottes glaubt."[26] Johannes betonte in seinen Briefen den *Glauben*. Damit wollte er nur sagen: „Zweifelt nicht, sondern glaubt. Haltet trotz der Zweifel am Glauben fest." Der dänische Philosoph Søren Kierkegaard sagte einst: „Der Glaube ist eine lebenslange Ausgabe."

LASSEN SIE DIE ZWEIFEL HINTER SICH

Wenn Sie ein süchtiger Zweifler sind, dann müssen Sie lernen, sich von Ihren Zweifeln zu befreien. Ich meine das folgendermaßen: Wir kennen doch alle das Beispiel von dem halbvollen und dem halbleeren Glas. Genauso ist es auch mit unserem Weg mit Gott. Wir können uns pausenlos und zwanghaft mit der Kritik am christlichen Glauben beschäftigen, aber wenn wir unseren Glauben durch eine solche „halbleere" Linse betrachten, dann werden wir garantiert von Zweifeln überwältigt werden. Oder wir können uns darin üben, das Glas als halbvoll anzusehen, und erkennen, dass es auf unsere neugierigen Fragen glaubwürdige Antworten gibt. Ich habe mich für das halbvolle Glas *entschieden*. Und genau das macht den Unterschied.

Wenn Sie ein süchtiger Zweifler sind,
dann müssen Sie lernen, sich von Ihren Zweifeln zu befreien.

Wenn Sie also das nächste Mal von Zweifeln überfallen werden, dann entscheiden Sie sich im Zweifelsfall zugunsten der Bibel, statt die Bibel ständig für schuldig zu erklären, bis ihre Unschuld bewiesen ist. Versuchen Sie, Ihren Glauben zu stärken, indem Sie das Glas als halbvoll betrachten.[27] Befolgen Sie Paulus' Strategie: „So zerstören wir überspitzte Gedankengebäude und jede Höhe, die sich gegen die Erkenntnis Gottes erhebt, und nehmen jeden Gedanken gefangen unter den Gehorsam Christi."[28]

EINE GESCHICHTE ÜBER ZWEI ZWEIFLER

Mitte des 20. Jahrhunderts gebrauchte Gott zwei besonders begabte Evangelisten. Sie waren gute Freunde mit einer vielversprechenden Zukunft. Aber es gab ein Problem – beide durchlebten eine Glaubenskrise. Beide hatten mit Zweifeln zu kämpfen. Nachdem alles vorüber war, hatte der eine am Glauben festgehalten, während sich der andere vom Glauben abgewandt hatte. Die Glaubenskrise des einen zerstörte seinen christlichen Glauben, während der Glaube des anderen stärker wurde.

Wer sind diese beiden Personen von damals? Der erste Zweifler, Charles Templeton, kehrte niemals mehr zu seinem ehemaligen Glauben zurück. Im Jahre 1996 veröffentlichte er mit dem Buch *Farewell to God* (Abschied von Gott) einen der traurigsten Buchtitel in der Menschheitsgeschichte. Fünf Jahre später ging Templeton in die Ewigkeit ohne Christus ein, er starb als Apostat. Wie tragisch.

Ein Jahr nach dem Erscheinen von Templetons Buch veröffentlichte der zweite Zweifler, Billy Graham, seine Autobiographie *So wie ich bin.* Er beschreibt darin ausführlich seinen quälenden Kampf mit den Zweifeln. Er erinnert sich an die dunklen Nächte seiner Seele: „Mein Glaube ist bedroht."[29] Seine Schilderung dieser Nacht und sein Sieg sind lesenswert:

> In jener Nacht wurde mir mein Herz schwer. Konnte ich der Bibel vertrauen? ... Wenn ich der Bibel nicht vertrauen könnte, konnte ich nicht weiter machen ... Ich müsste die Kanzel der Evangelisation verlassen. Ich war erst 30 Jahre alt. Es war noch nicht zu spät, um Milchbauer zu werden. Aber in dieser Nacht glaubte ich von ganzem Herzen, dass jener Gott, der meine Seele gerettet hatte, mich niemals mehr loslassen würde.
>
> Ich stand auf und machte einen Spaziergang. Der Mond war zu sehen und die Schatten in den San Bernar-

dino Bergen waren lang und umschlossen das Retreatzentrum. Ich fiel im Wald auf meine Knie und öffnete an einer beliebigen Stelle die Bibel. Da ich im schemenhaften Mondlicht nichts erkennen konnte, wusste ich nicht, welche Textstelle vor mir lag ...

Ich kann mich nicht genau an mein Gebet erinnern, aber an meine Gedanken: „Oh Gott. In diesem Buch gibt es so viele Dinge, die ich nicht verstehe. So viele Probleme, für die ich keine Lösung habe. Es gibt auch so viele Widersprüche. Manche Dinge scheinen mit den wissenschaftlichen Erkenntnissen nicht übereinzustimmen. Ich habe auf manche philosophische und psychologische Fragen keine Antwort ..."

Ich versuchte, mich auf Gott einzustimmen, aber irgendetwas blieb unausgesprochen. Zuletzt befreite mich der Heilige Geist und ich sagte: „Vater, ich akzeptiere dies als dein Wort – durch Glauben. Ich lasse zu, dass der Glaube über meine intellektuellen Fragen und Zweifel hinausgeht und ich werde glauben, dass dies dein inspiriertes Wort ist."

Als ich in dieser Augustnacht aufstand, waren meine Augen voller Tränen. Ich spürte die Gegenwart und Macht Gottes wie noch nie in den vergangenen Monaten. Zwar waren nicht alle meine Fragen beantwortet worden, aber ich hatte einen großen Fortschritt gemacht. Ich wusste, dass in meiner Seele ein geistlicher Kampf ausgefochten und gewonnen worden war.[30]

In jener Nacht war Billy Graham weit davon entfernt, intellektuellen Selbstmord zu begehen, sondern er hatte verstanden, dass er niemals alles verstehen würde, egal, wie gründlich er alles untersuchen würde. Er hatte sich damit zufriedengegeben, mit einem Geheimnis zu leben und Christus treu nachzufolgen.

Graham stieg diesen Berg als veränderter Mann herunter. Im gleichen Monat fand seine erste große Veranstaltung statt. 1949 gab es in Los Angeles eine Evangelisationsveranstaltung, durch die Gott so machtvoll wirkte, dass Graham nach der Veranstaltung zum national anerkannten Evangelisten ernannt wurde. Ein Jahr später bezeichnete das amerikanische Magazin *Newsweek* ihn als den „größten Evangelisten Amerikas". Der Rest ist Geschichte.

Dieser Milchbauer, der in Charlotte zur Welt kam, lebt nur zwei Stunden entfernt von dem Ort, an dem ich dies hier schreibe. Mit über 90 Jahren ist er zufrieden und dankbar, dass er trotz seiner Zweifel am Glauben festhielt.

Jeder Gläubige muss seine Zweifel in den Griff bekommen. Während eines Gesprächs über Glaubenszweifel erzählte mir Dennis Rainey, der Präsident von *Family Life*, was ihm einst Tom Skinner, der ehemalige Pastor der *Washington Redskins*, erzählt hatte. Skinner sagte: „Lange Zeit versuchte ich, meine Zweifel in den Griff zu bekommen, als ich plötzlich erkannte, dass ich besser das in den Griff bekommen sollte, was ich glaube. Seitdem habe ich aufgehört, mich mit den quälenden Fragen, die ich nicht beantworten kann, zu beschäftigen, und befasse mich eher mit den Tatsachen und Antworten, denen ich nicht ausweichen kann ... und das ist eine große Erleichterung."

Welche eine Aussage. Diese Worte hatten solch einen Eindruck hinterlassen, dass Dennis sie mir bestimmt drei Mal hintereinander erzählte. Als ob er sagen wollte: „Bobby, über diese Worte solltest du erst mal brüten." Und das tat ich auch. Wie Graham hielt auch Skinner trotz aller Zweifel am Glauben fest. Und sein Glaube wurde nicht aufgrund mangelnder Kenntnis gestärkt, sondern aufgrund der Beweise für die Dinge, die er schon wusste.

Und jetzt habe ich noch eine gute Nachricht. Auch Sie können von Ihren Zweifeln befreit werden. Glauben Sie das? Diese

Befreiung wartet nur auf Sie. Schon heute. Aber Sie müssen eine Entscheidung treffen. Sie müssen Ihre Zweifel in den Griff bekommen. Daher bitte ich Sie: Verlieren Sie nicht die Hoffnung. Fassen Sie sich ein Herz und halten Sie – wie Billy Graham und Tom Skinner – trotz Ihrer Zweifel am Glauben fest.

SETZEN SIE FOLGENDE VIER AUFGABEN IN DIE PRAXIS UM

1. Gründen Sie eine kleine Gruppe und sprechen Sie über die Fragen am Ende jeden Kapitels.
2. Bitten Sie Freunde oder Familienmitglieder, die Zweifel haben, dieses Buch zu lesen und mit Ihnen darüber zu sprechen.
3. Erarbeiten Sie mit Ihren Pastoren oder Ältesten einen Plan, der Ihrer Gemeinde helfen kann, trotz Zweifel am Glauben festzuhalten.
4. Wenn Sie Fragen haben, die Ihnen zu schaffen machen, gehen Sie auf Bobbys Webseite www.oneminuteapologist.com. In Hunderten von Videos finden Sie glaubwürdige Antworten auf eindringliche Fragen.

REFLEXIONEN ÜBER DEN ZWEIFEL

- Zweifel werden kleiner, wenn unser Glaube gestärkt wird.
- Der Zweifel macht Sie ruhelos. Der Glaube schenkt Ihnen Ruhe.
- „Wenn der Sohn des Menschen kommt, wird er Glauben finden auf der Erde?“ – Jesus

FRAGEN ZUM NACHDENKEN UND ZUR WEITEREN DISKUSSIONEN

1. Wenn Sie auf das ganze Buch zurückblicken, was war für Sie der größte Gewinn?

2. Welches der vielen Glaubensvorbilder ist Ihnen am meisten aufgefallen?
3. Was würden Sie jemandem antworten, der sagt: „Behaupten nicht auch Mormonen, dass der Heilige Geist ihnen ihren Glauben bezeugt?“ Weitere Hilfe finden Sie im Link zu William Lane Craig und seinen Erkenntnissen über das Zeugnis des Heiligen Geistes.
4. Bobby sagt: „Wenn Sie ein süchtiger Zweifler sind, dann müssen Sie lernen, sich von Ihren Zweifeln zu befreien.“ Welche Möglichkeiten gibt es, damit Christen sich von ihren Zweifeln befreien können?
5. Charles Templeton und Billy Graham mussten beide eine Entscheidung bezüglich ihrer Zweifel treffen. Inwiefern kann die Gemeinde Zweiflern dabei helfen, dass sie sich nicht von Gott abwenden?
6. Am Ende dieses Kapitels nennt Bobby vier Aufgaben. Werden Sie sich dieser Herausforderung stellen?

ANHANG

Zwei weitere Ratschläge für den Umgang mit Zweifeln

ACHTEN SIE GUT AUF IHRE KÖRPERLICHE VERFASSUNG

Manchmal versäumen wir, in der Gemeinde zu erwähnen, dass wir auf unsere körperliche Verfassung achten müssen. Auch wenn unsere Gesundheit nur ein Teil des Puzzles ist, dürfen wir einen gesunden Lebensstil nicht vernachlässigen. Wenn wir zum Beispiel zu viel Koffein zu uns nehmen, kann das für unsere psychische Verfassung, die von Zweifeln geplagt wird, unangenehme Folgen haben, wie z. B. Panik, Angst und innere Unruhe. Außer Koffein können auch Zucker, Alkohol, Nikotin und Medikamente, zu wenig körperliche Betätigung und wenig Schlaf dazu beitragen, dass wir das Gefühl haben, irgendwie nicht weiterzukommen. All das kann unsere Zweifel verstärken.

Passen Sie also gut auf sich auf. Wenn Sie versuchen, Ihren Zweifeln auf den Grund zu gehen, dann ist es unverzichtbar, dass Ihre geistige Gesundheit nicht unnötig beeinträchtigt wird. Ihr Seelenfrieden ist es wert, alle Probleme sorgfältig zu prüfen. Ich nehme an, dass Sie mit mir übereinstimmen.

NEHMEN SIE PROFESSIONELLE HILFE IN ANSPRUCH

Es kommt vor, dass das Leben manchen Menschen so zusetzt, dass sie nicht mehr länger leben wollen. Das kann äußerst ernst und gefährlich werden. Ich hoffe, dass dies nicht auf Sie zutrifft. Sollte es doch der Fall sein, dann wenden Sie sich bitte an eine christliche Beratungsstelle Ihres Vertrauens. Es könnte sein, dass hormonelle Probleme oder ein bestimmtes chemisches Ungleichgewicht vorliegen, die Ihre Psyche und Ihren Denkprozess verwirren.

Wir sind eine Gesellschaft, in der viel zu viele Medikamente genommen werden. Aber ein kluger Berater kann abwägen, ob Sie – im schlimmsten Fall – weitere Untersuchungen und eine Behandlung brauchen. Ich habe zwar selbst nie Medikamente genommen, um mit meinen Zweifeln und Sorgen zurechtzukommen, aber manchmal war die Versuchung groß. Medikamente haben viele Nebenwirkungen, doch manchmal scheint der Kampf so erdrückend zu sein, dass man alle möglichen Konsequenzen in Kauf nimmt, wenn es nur bedeutet, eine Atempause zu bekommen.

Ich glaube, das ist ein brisantes Thema. Aber manche Menschen sind so verzweifelt, dass ich eher dazu rate, Hilfe in Anspruch zu nehmen, bevor sie sich oder anderen etwas Furchtbares antun. Das hat nichts damit zu tun, kleinbeizugeben. Es ist gesunder Menschenverstand.

Quellenangaben

Alle Buchzitate wurden, wenn nicht anders angegeben, von der Übersetzerin übertragen.

Kapitel 1: Glaubenskrisen

1. Os Guinness, *Renaissance* (Downers Grove, IL: InterVarsity Press, 2014), 25.
2. Der Philosoph James K.A. Smith beschreibt *fragilization* (geschwächtes Selbst) so*:* „In Anbetracht verschiedener Möglichkeiten, wo Menschen, die ein ‚normales' Leben führen, meinen Glauben nicht teilen (oder vielleicht etwas anderes glauben), wird meine eigene Glaubensüberzeugung zerbrechlich – sie wird infrage gestellt, angezweifelt" *How (Not) to Be Secular* (Grand Rapids, MI: Wm. B. Eerdmans, 2014), 141.
3. Lillian Kwon, „Survey: High School Seniors ‚Graduating from God', " *The Christian Post*, 10. August 2006.
4. Auch andere Glaubenssysteme enthalten Elemente der Wahrheit. In diesem Fall sollten wir an Augustinus' Ausspruch denken: „Gott ist die Wahrheit."
5. William Lane Craig, *Hard Questions, Real Answers* (Wheaton, IL: Crossway, 2003), 33-34, Hervorhebung im Original.
6. Siehe Matthäus 14,31; 21,21; 28,17; Markus 11,23; Lukas 24,38; Römer 14,23; Jakobus 1,6-8; und Judas 22.
7. Gary Habermas, *The Thomas Factor* (Nashville, TN: Broadman and Holman, 1999), 4-5, Hervorhebung hinzugefügt.

8. Os Guinness, *In Two Minds* (Downers Grove, IL: InterVarsity Press, 1976).
9. Vincent Bugliosi: „Why Do I Doubt Both the Atheists and the Theists?" (2011), *Religious Tolerance.org*, www.religioustolerance.org/bugliosi01.htm.
10. Matthäus 16,18, Hervorhebung hinzugefügt.

Kapitel 2: Der Stachel im Verstand

1. Mutter Teresa, *Mother Teresa: Come Be My Light: The Private Writings of the Saint of Calcutta,* hrsg. von Brian Kolodiejchuk (New York: Doubleday Religion, 2007), 169-70. Auf Deutsch erschienen unter dem Titel *Mutter Teresa: Komm, sei mein Licht.*

   Hier zitiert nach: http://www.kath.de/zentrum/texte/archiv_texte/radio_2011/10_2011.pdf
2. Judas 22.
3. I. John Hesselink: *Calvin's First Catechism: A Commentary* (Louisville, KY: Westminster John, Knox Press, 1997), 103.
4. C.H. Spurgeon: „The Desire of the Soul in Spiritual Darkness," *The Spurgeon Archive*, 24. Juni 1855, www.spurgeon.org/sermons/0031.htm.
5. C.S. Lewis: *Mere Christianity* (New York: HarperCollins, 2001), 140. Auf Deutsch erschienen unter dem Titel *Pardon, ich bin Christ.*
6. Karl Barth, *Evangelical Theology: An Introduction* (Grand Rapids, MI: Wm. B. Eerdmans, 1979), 131.
7. Francis Schaeffer, Vorwort zu *True Spirituality* (Wheaton, IL: Tyndale House, 1972). Auf Deutsch erschienen unter dem Titel *Geistliches Leben – was ist das?*
8. Billy Graham, „Answers" Billy Graham Evangelistic Association, 18. November 2004, http://billygraham.org/answer/does-doubt-come-from-the-devil-or-do-we-have-doubts-because-of-something-thats-wrong-in-our-hearts/.
9. 1. Mose 18,12.
10. Habakuk 1,3.
11. Lukas 1,8-18.
12. Matthäus 11,3.
13. Johannes 20,25.
14. Matthäus 28,17, Hervorhebung hinzugefügt.
15. Matthäus 27,46.

16. C. Stephen Evans & R. Zachary Manis, *Philosophy of Religion* (Downers Grove, IL: InterVarsity Press, 2009), 208.

17. Nihilismus ist der Glaube, dass das Leben sinnlos ist.

18. Gehen Sie auf www.oneminuteapologist.com oder www.bobbyconway-online.com.

19. Andrew Hoffecker, „Doubt and the Apologist," *Tabletalk*, Ligonier Ministries, www.ligonier.org/learn/articles/doubt-and-the-apologist/.

20. Habakuk 2,4.

21. Mutter Teresa, *Mother Teresa: Come Be My Light*, 167.

Kapitel 3: Jesus kann mit Ihren Zweifeln umgehen

1. Walter Isaacson, *Steve Jobs* (New York: Simon & Schuster, 2011), 14-15. Auf Deutsch erschienen unter demselben Titel.

2. Kara Powell: „Steve Jobs, Back to School, and Why Doubt Belongs in Your Youth Group Curriculum", *Christianity Today*, September 2012, www.christianitytoday.com/women/2012/september/steve-jobs-back-to-school-and-why-doubt-belongs-in-your.html?start=2.

3. Philip Yancey, „Faith and Doubt", www.philipyancey.com/q-and-a-topics/faith-and-doubt.

4. Johannes 3,30.

5. Matthäus 3,2.

6. Johannes 1,29.

7. Siehe Matthäus 2,16.

8. Matthäus 11,2.

9. Matthäus 11,4-5.

10. Siehe Jesaja 35,5-6; 61,1.

11. Matthäus 11,7-11.

12. 1. Timotheus 2,5; Hebräer 4,14-16.

13. Jeremia 29,13, Hervorhebung hinzugefügt.

14. Jakobus 1,5-6.

15. J. Warner Wallace: „How Jesus Responded to Doubt" http://coldcasechristianity.com/2013/how-jesus-responded-to-doubt/.

16. Matthäus 11,7.

17. Matthäus 11,11, Hervorhebung hinzugefügt.

18. Gary Habermas, *The Thomas Factor* (Nashville, TN: Broadman & Holman Publishing, 1999), 29.
19. Powell, „Steve Jobs, Back to School, and Why Doubt Belongs in Your Youth Group Curriculum."

Kapitel 4: Auslöser der Zweifel: Teil 1

1. Siehe William Lane Craig, *Reasonable Faith* (Wheaton, IL: Crossway Books, 2008), 343.
2. Alister McGrath, *Doubting: Growing Through the Uncertainties of Faith* (Downers Grove, IL: InterVarsity Press, 2006), 121.
3. Siehe Kapitel 10: „Doubt: How to Handle It", in McGraths Buch *Doubting.*
4. Siehe 1. Mose 6–8.
5. Siehe 2. Mose 14.
6. Siehe 2. Mose 16.
7. Siehe Josua 6.
8. Siehe Daniel 3,8-30.
9. Siehe Daniel 6.
10. Siehe 4. Mose 22,21-41.
11. Siehe Hesekiel 4.
12. Siehe Richter 15,15.
    Anmerkung: Richter 15,14 berichtet, dass Gottes Macht Samson zu dieser Leistung befähigte.
13. Siehe 1. Samuel 17.
14. Siehe Jona 1,17.
15. Siehe Apostelgeschichte 2,1-4.
16. 1. Mose 21,6.
17. Schauen Sie sich mein Video an: „How Do We Interpret the Seemingly Ridiculous?" auf *The One Minute Apologist,* www.youtube.com/watch?v=VVENJAK5Z-Y.
18. Siehe 1. Mose 22.
19. Hebräer 11,17-19.
20. McGrath: *Doubting,* 24-25.
21. J.P. Moreland, *Love Your God with All Your Mind* (Colorado Springs, CO: NavPress, 1997), 74, Hervorhebung hinzugefügt.

22. Siehe Epheser 2,8-9.
23. Alexis de Tocqueville: *Democracy in America* (New York: Penguin Putnam, 2003), Hervorhebung hinzugefügt. Auf Deutsch erschienen unter dem Titel *Über die Demokratie in Amerika.*
24. 2. Korinther 1,22.
25. Römer 8,16.
26. 2. Timotheus 1,12, Hervorhebung hinzugefügt.
27. 1. Johannes 5,13, Hervorhebung hinzugefügt.
28. Das Wort *Zuverlässigkeit* in Lukas 1,4 bezieht sich auf eine „standfeste Aussage." Lukas hat nachgeforscht. Seine Aussage ist *zuverlässig*. Glaubwürdig. In Apostelgeschichte 2,36 gebraucht Lukas dasselbe Wort noch einmal, weil er möchte, dass seine Leser *ohne Zweifel* glauben können. Das ist sein Wunsch genau wie unserer. Aber es bedeutet nicht, dass wir keine Fragen haben. Außerdem war sein Bericht neu. Nach 2000 Jahren Kirchengeschichte werden heute die Gläubigen mit so vielen anderen Dingen konfrontiert, die oft Fragen aufwerfen. Trotzdem können die Gläubigen wissen, dass Lukas' Bericht zuverlässig ist und er sich wünscht, dass Christi Nachfolger Gewissheit haben.
29. Hebräer 11,6.
30. Elie Wiesel, *Night* (New York: Farrar, Straus and Giroux, 2006), 34. Auf Deutsch erschienen unter dem Titel *Die Nacht: Erinnerung und Zeugnis.*

    Hier zitiert nach: https://www.nostra-aetate.uni-bonn.de/elie-wiesel/paedagogische-impulse/m2-nie-werde-ich-vergessen
31. Ebd., 45.
32. Siehe Habakuk 1,2-4.
33. C.S. Lewis, *Mere Christianity* (New York: HarperCollins, 2001), 38. Auf Deutsch erschienen unter dem Titel *Pardon, ich bin Christ.*

    Hier zitiert nach der deutschen Originalausgabe.
34. Donald E. Gowan, *The Triumph of Faith in Habakkuk* (Eugene, OR: Wipf and Stock, 2009), 26.
35. Römer 1,20.
36. 1. Mose 18,25, Hervorhebung hinzugefügt.
37. Richard Dawkins, *The God Delusion* (New York: Houghton Mifflin, 2006). Auf Deutsch erschienen unter dem Titel *Der Gotteswahn.*
    Hier zitiert nach: http://www.stern.de/panorama/wissen/mensch/richard-dawkins-der-gotteswahn-3264578.html

Kapitel 5: Auslöser der Zweifel: Teil 2

1. Zitat aus dem Buch von Bart D. Ehrman, *Jesus, Interrupted* (New York: HarperOne, 2009). Auf Deutsch erschienen unter dem Titel *Jesus im Zerrspiegel.*
2. Ehrman, *Jesus, Interrupted*, 10.
3. Ebd., 7.
4. Ebd., 8.
5. Ebd., 7.
6. Ebd., 6.
7. Norman Geisler und Thomas Howe, *When Critics Ask: A Popular Handbook on Bible Difficulties* (Grand Rapids, MI: Baker Books, 1992), 15-26. Auf Deutsch erschienen unter dem Titel *Wenn Skeptiker fragen: Fragen an den christlichen Glauben.*
8. Craig L. Blomberg, *Can We Still Believe the Bible?* (Grand Rapids, MI: Brazos Press, 2014), 1.
9. Ebd., 2.
10. Zur eigenen Zurüstung lesen Sie folgende Bücher:
    - Gleason Archer, *New International Encyclopedia of Bible Difficulties.* Zondervan, 2001. Auf Deutsch erschienen unter dem Titel *Schwer zu verstehen?*.
    - William Arndt, *Does the Bible Contradict Itself? A Discussion of Alleged Contradictions of the Bible.* 5. Überarbeitete Auflage. Concordia, 1976.
    - Craig Blomberg, *Can We Still Believe The Bible? An Evangelical Engagement with Contemporary Questions.* Brazos Press, 2014, und sein Buch *The Historical Reliability of the Gospels.* InterVarsity Press, 1987.
    - Norman Geisler und Thomas Howe, *When Critics Ask: A Popular Handbook on Bible Difficulties.* Baker Books, 1992. Auf Deutsch erschienen unter dem Titel *Wenn Skeptiker fragen: Fragen an den christlichen Glauben.*
    - Walter Kaiser et al., *Hard Sayings of the Bible.* InterVarsity Press, 1996.
    - Andreas J. Köstenberger, Darrell L. Bock, und Josh D. Chatraw. *Truth in a Culture of Doubt: Engaging Skeptical Challenges to the Bible.* B&H Academic, 2014.

11. Darrell Bocks Kapitel „The Words of Jesus in the Gospels: Live, Jive, or Memorex" in dem Buch *Jesus Under Fire* (Grand Rapids, MI: Zondervan, 1995) spielte eine zentrale Rolle bei der Überwindung meiner Glaubenskrise.
12. Bart D. Ehrman: *God's Problem: How the Bible Fails to Answer Our Most Important Question—Why We Suffer* (New York: HarperCollins, 2008), 3-4.
13. N.T. Wright: *Evil and the Justice of God* (Downers Grove, IL: InterVarsity Press, 2006), 41.
14. Hebräer 3,12-14.
15. Markus 12,30.
16. Jeremia 29,13.
17. Lukas 11,1.
18. Habakuk 1,2.
19. Matthäus 28,20.

Kapitel 6: Vier Facetten des Zweifels

1. 1. Petrus 3,7.
2. Ich bin Gary Habermas für seine Ausarbeitung über den Zweifel sehr dankbar. Er erklärt die verschiedenen Arten von Zweifeln, die uns begegnen. Ich beziehe mich auf sein Buch *The Thomas Factor: Using Your Doubts to Draw Closer to God* (Nashville, TN: Broadman and Holman Publishers, 1999).
3. Eine Bemerkung am Rande: Jedes verdeckte Gefühl, über das wir gesprochen haben, kann zu gewissen Zeiten im Leben als primäres Gefühl auftreten. Wenn der emotionale Zweifel unsere größte Not ist, dann ist es wichtig, unsere Zweifel näher zu betrachten. Wenn jedoch Zorn unser vorherrschendes Gefühl ist, dann kann es sein, dass der Zweifel als verdecktes Gefühl für unseren Zorn fungiert. Zum Beispiel könnten wir zornig sein, weil wir daran zweifeln, dass Gott sich um uns kümmert. Daher sind unsere Gefühle manchmal schwer zu durchschauen. Aber diese Arbeit darf nicht vernachlässigt werden, besonders dann, wenn wir Leid erfahren.
4. Dieses Beispiel habe ich einer DVD-Reihe entnommen, die ich mit William Lane Craig produziert habe. Es bezieht sich auf sein Buch *On Guard.* (Colorado Springs, CO: David C. Cook, 2010). Auf Deutsch erschienen unter demselben Titel. Für weitere Informationen gehen Sie auf: http://apps.

biola.edu/apologetics-store/products/special-discounted-sets-or-combos/item/on-guard-defending-your-faith-with-reason-and-precision-box-set.

5. 1. Johannes 3,8.
6. Römer 5,3-4.
7. Walter Kaiser, *The Old Testament Documents: Are They Reliable and Relevant?* (Downers Grove, IL: InterVarsity Press, 2001), 24.
8. Ebd.
9. Einfach, aber hilfreich ist das Buch von Howard Hendricks und William Hendricks *Living by the Book* (Chicago: Moody Publishers, 2007). Auf Deutsch erschienen unter dem Titel *Bibellesen mit Gewinn: Handbuch für das persönliche Bibelstudium.* Dieses Buch zeigt Ihnen, wie Sie gewissenhaft die Bibel studieren können. Jeder Christ sollte mindestens ein Buch darüber lesen, wie man die Bibel studiert. Ein weiteres lesenswertes Buch ist das von Gordon Fee und Douglas Stuart *How to Read the Bible for All Its Worth,* 4th ed. (Grand Rapids, MI: Zondervan, 2014). Auf Deutsch erschienen unter dem Titel *Effektives Bibelstudium: Die Bibel verstehen und auslegen.*
10. Lukas 22,42.
11. Matthäus 6,10.
12. Philipper 2,12-13; 4,13.
13. Römer 12,1.
14. Siehe auch Johannes 20,31; 2. Timotheus 1,12.
15. Psalm 19,2.
16. Römer 1,19-20, Hervorhebung hinzugefügt.
17. 1. Korinther 15,14.
18. Siehe Matthäus 5,17-18; 23,35; Lukas 24,27; Johannes 10,35; 14,26; 16,13.

Kapitel 7: Die Wurzel des Zweifels

1. 1. Petrus 5,8.
2. Epheser 6,12.
3. C.S. Lewis, *The Screwtape Letters* (New York: HarperCollins Publishers, 1961), ix. Auf Deutsch erschienen unter dem Titel *Dienstanweisung für einen Unterteufel.*
4. 2. Korinther 4,4.
5. Johannes 8,44.

6. Matthäus 4,3.
7. Offenbarung 12,9.
8. Offenbarung 20,10.
9. 1. Mose 3,1. In der Erzählung in 1. Mose wird die Schlange nicht als Satan identifiziert, aber das Buch der Offenbarung bringt die alte Schlange ganz eindeutig mit dem Teufel oder dem Satan in Verbindung (siehe Offenbarung12,9; 20,2).
10. 1. Mose 3,1-7.
11. Bruce K. Waltke mit Cathi J. Fredricks, *Genesis: A Commentary* (Grand Rapids, MI: Zondervan, 2001), 90.
12. 2. Korinther 11,14.
13. Richard Baxter, *The Reformed Pastor*, 74-75, Hervorhebung hinzugefügt. Auf Deutsch erschienen unter dem Titel *Das Predigeramt aus Sicht eines Puritaners.*

    Hier zitiert nach: https://books.google.de/books?id=W79FAAAAcAA-
    J&pg=RA1-PA40&lpg=RA1-PA40&dq=Richard+Baxter+%22Der+-
    Teufel+ist+ein+gr%C3%B6%C3%9Ferer+Gelehrter+als+ihr&-
    source=bl&ots=x_ucetiX5U&sig=K7FRAwgJD41e0cIbg18esy9qs-
    h0&hl=de&sa=X&ved=0ahUKEwixnI3cspfKAhUBYw8KHdUWBn-
    4Q6AEIHDAA#v=onepage&q=Richard%20Baxter%20%22Der%20
    Teufel%20ist%20ein%20gr%C3%B6%C3%9Ferer%20Gelehrter%20
    als%20ihr&f=false
14. Siehe auch 1. Thessalonicher 4,16-17.
15. 1. Mose 3,4-5.
16. 1. Mose 2,15-17.
17. 1. Mose 3,6.
18. 1. Mose 3,6.
19. 1. Mose 3,7.
20. Sheldon Vanauken, *A Severe Mercy* (San Francisco: Harper and Row, 1977), 99. Auf Deutsch erschienen unter dem Titel *Eine harte Gnade: die Geschichte einer großen Liebe.*
21. Matthäus 4,1-11.
22. Lukas 22,31.
23. Lukas 22,32, Hervorhebung hinzugefügt.
24. Markus 14,31.

25. 1. Korinther 10,12.
26. Epheser 6,13.
27. Epheser 6,16, Hervorhebung hinzugefügt.
28. Siehe Römer 8,34 und Hebräer 7,25.
29. 1. Mose 3,15.
30. Jakobus 4,7.
31. 1. Johannes 4,4.

Kapitel 8: Zweifel navigieren

1. Judas 22.
2. 1. Korinther 13,12, Hervorhebung hinzugefügt.
3. Alister E. McGrath, *Doubting: Growing Through the Uncertainties of Faith* (Downers Grove, IL. InterVarsity Press, 2006), 121.
4. Jennifer Michael Hecht, *Doubt: A History* (New York: HarperCollins, 2003), xvi.
5. „Quotes about Spiritual Leadership", *Goodreads*, www.goodreads.com/quotes/tag/spiritual-leadership.
6. 1. Thessalonicher 5,21.
7. 1. Johannes 4,1.
8. Philipper 1,9-10, Hervorhebung hinzugefügt.
9. Jakobus 1,5.
10. Siehe Epheser 4,11-12.
11. Epheser 4,14.
12. Psalm 145,18, Hervorhebung hinzugefügt.
13. Jesaja 1,18.
14. Jeremia 29,13-14, Hervorhebung hinzugefügt.
15. Psalm 13.
16. Psalm 77,12, Hervorhebung hinzugefügt.
17. 5. Mose 5,15. Siehe auch 5. Mose 15,15; 16,12; 24,18.22.
18. Matthäus 14,31, Hervorhebung hinzugefügt.
19. Jesaja 26,3.
20. C. Stephen Evans und R. Zachary Manis, *Philosophy of Religion,* 2nd ed. (Downers Grove, IL: InterVarsity Press, 2009), 209.

21. Ebd., 208.
22. Johannes 7,17, Hervorhebung hinzugefügt.
23. Siehe Lukas 1,46-55.
24. Gute Informationen zum Thema Fasten bietet das Buch von John Piper, *A Hunger for God* (Wheaton, IL: Crossway Books, 2013).

Kapitel 9: Den Glauben definieren

1. Hebräer 11,6, Hervorhebung hinzugefügt.
2. Siehe Matthäus 17,20. Hier vergleicht Jesus den Glauben mit dem erstaunlichen Effekt eines kleinen Senfkorns.
3. Steven Pinker, „Less Faith, More Reason", *The Harvard Crimson,* October 27, 2006; www.thecrimson.com/article/2006/10/27/less-faith-more-reason-there-is/.
4. www.goodreads.com/quotes/46350-faith-is-the-great-cop-out-the-great-excuse-to-evade.
5. Richard Dawkins: *The God Delusion* (New York: Houghton Mifflin, 2006), 308. Auf Deutsch erschienen unter dem Titel *Der Gotteswahn.*
6. Sam Harris: *Letter to a Christian Nation* (New York: Alfred A. Knopf, 2006), 110. Auf Deutsch erschienen unter dem Titel *Brief an ein christliches Land: eine Abrechnung mit dem religiösen Fundamentalismus.*
7. 1. Korinther 15,17.
8. Bedenken Sie das leere Grab, Jesu Erscheinung nach seiner Auferstehung und die Veränderung der Jünger. Wie können Sie sich weiterhin – abgesehen von der Auferstehung – die Entstehung der christlichen Gemeinde erklären?
9. Lee Strobel: „How Easter Killed My Faith in Atheism", *Room for Doubt,* www.roomfordoubt.com/examine/1/Stories-of-Doubt/44/How-Easter-Killed-My-Faith-in-Atheism.
10. Ravi Zacharias: *Jesus Among Other Gods: The Absolute Claims of the Christian Message* (Nashville, TN: Thomas Nelson, 2000), 146. Auf Deutsch erschienen unter dem Titel *Jesus: der einzig wahre Gott?*
11. Siehe Sprüche 1,7.
12. William Lane Craig: „Faith and Doubt", *Reasonable Faith,* www.reasonablefaith.org/faith-and-doubt#ixzz31AKbsb2d.
13. *Cambridge Dictionaries Online,* http://dictionary.cambridge.org/us/dictionary/american-english/faith.

14. Siehe Matthäus 8,26; 15,28; Lukas 7,9; 17,6.

15. Emily Dickinson: *Selected Letters*, hrsg. von Thomas H. Johnson (Cambridge, MA: Harvard University Press, 1986), 279.

16. J.P. Moreland und Klaus Issler: *In Search of a Confident Faith: Overcoming Barriers to Trusting in God* (Downers Grove, IL: InterVarsity Press, 2008), 18.

17. Ebd., 25.

18. Ich glaube, dass Moreland und Issler ein gutes Argument vorbringen, auch wenn das Wort *Glaube* im Titel meines Buches (Doubting toward *Faith*: Titel der Buches im Original) vorkommt und der Glaube mein Ziel für Sie ist. Schließlich ist *Glaube* immer noch ein biblisches Wort, das eine korrekte Erklärung verdient. Es könnte jedoch sehr weise sein, in Gesprächen andere Ausdrücke zu gebrauchen, da das Wort *Glaube* mittlerweile oft missverstanden wird.

19. Hebräer 11,1, Hervorhebung hinzugefügt.

20. Aufgrund dieses Arguments, dass der Glaube eher die Bedeutung von Zuversicht hat, schreiben Moreland und Issler:

    Sobald wir erkennen, dass der Glaube Zuversicht oder Vertrauen bedeutet, kann man besser verstehen, warum man in der Kirchengeschichte immer wieder auf drei Bestandteile des Glaubens hingewiesen hat (besonders während der Reformation), um die biblische Lehre zu konkretisieren – nämlich, auf den Glauben als Wissen *(notitia)*, den Glauben als Zustimmung *(assensus)* und den Glauben als Akt des Sich-Anvertrauens *(fiducia)*. *Notitia* bezieht sich auf die Glaubensinhalte, in erster Linie auf die Aussagen der Bibel, die theologischen, lehrmäßigen Formulierungen der Bibel ... *Notitia* wird dem Verstand zugeordnet und bezeichnet das Wissen und Verstehen der biblischen Lehre. Dies steht keineswegs im Gegensatz zum Glauben, sondern es bedeutet, dass Wissen und Erkenntnis ein wichtiges Element des Glaubens sind ... *Assensus* bezeichnet die persönliche Zustimmung zur und die Anerkennung der christlichen Lehre. Auch dies geschieht in erster Linie auf der Verstandesebene ... Wichtig ist, dass es nicht genügt, die Glaubensinhalte der christlichen Lehre nur zu *begreifen*; man muss auch die Tatsachen für wahr halten und *akzeptieren* ... *Fiducia* bedeutet den persönlichen Einsatz bzw. das Engagement für eine Sache; es bedeutet, einer Wahrheit oder einer Person zu vertrauen. *Fiducia* ist in erster Linie eine Sache des Willens, aber da der christliche Glaube eine Beziehung zu einer Person ist und nicht nur ein Bekenntnis zu einigen

Wahrheiten (auch wenn dies natürlich entscheidend ist), ist es wichtig, emotionale Nähe zu entwickeln und zwischen den eigenen Gefühlen, der Intuition und dem Geiste Gottes in der Seele unterscheiden zu können, um die vertrauensvolle Beziehung zu Gott aufrechtzuerhalten ... Diese drei klassischen Bestandteile – *noticia, assensus* und *fiducia* – sind für ein besseres Verständnis des Glaubens unverzichtbar.

Kapitel 10: Am Glauben *festhalten*

1. G.K. Chesterton: *Orthodoxy* (Colorado Springs, CO: Image Classics, 1991), 23. Auf Deutsch erschienen unter dem Titel *Orthodoxie: eine Handreichung für die Ungläubigen.*

   Hier zitiert nach: http://omnia.alte-messe-bistum-speyer.de/?p=1539
2. Römer 1,17.
3. Galater 3,11.
4. Hebräer 10,38.
5. Habakuk 2,4.
6. 2. Korinther 5,7.
7. Epheser 2,8a, Hervorhebung hinzugefügt.
8. Römer 4,20-21.
9. Siehe auch 2. Korinther 10,15, eine weitere Textstelle, die beweist, dass unser Glaube wachsen kann.
10. Römer 10,17.
11. 1. Thessalonicher 3,6-7.
12. Epheser 6,16.
13. Hebräer 13,17.
14. Jakobus 1,2-4.
15. Jakobus 1,6-8.
16. 1. Petrus 1,6-9.
17. 1. Johannes 5,4-5.
18. Judas 3-4.
19. Lukas 18,8.
20. Philip Yancey: *Reaching for the Invisible God* (Grand Rapids, MI: Zondervan, 2000), 42. Auf Deutsch erschienen unter dem Titel *Sehnsucht nach dem unsichtbaren Gott.*

21. Jesaja 7,9b.

22. 1. Korinther 13,12.

23. Römer 8,16.

24. Lesen Sie William Lane Craigs Antwort auf seine „Question of the Week" (Frage der Woche) bezüglich „The Witness of the Holy Spirit" auf www.reasonablefaith.org/the-witness-of-the-holy-spirit.

25. *Weltschmerz* bezeichnet ein Gefühl tiefer Traurigkeit und der Verzweiflung über die Unzulänglichkeit der Welt.

26. 1. Johannes 5,13, Hervorhebung hinzugefügt.

27. Um Ihnen hierbei behilflich zu sein, empfehle ich Ihnen das Buch von Gary Habermas *The Thomas Factor*. Er beschreibt darin die verschiedenen Arten der Zweifel und bietet überzeugende Lösungen an, damit Sie Ihre Zweifel überwinden können. Außerdem empfiehlt Gary das Buch *Telling Yourself the Truth* von William Backus und Marie Chapian (auf Deutsch erschienen unter dem Titel *Befreiende Wahrheit: lösen Sie sich von Lebenslügen und finden Sie zu innerer Freiheit*): „Ich halte es für das beste Werk, das Ihnen hilft, mit einigen der schlimmsten emotionalen Schmerzen im Leben umzugehen. Das Buch beschreibt Schritt für Schritt einen einfachen dreistufigen Prozess, der sich laut Backus und Chapian in der Praxis zu einem hohen Prozentsatz bewährt hat (nach ihrem Test konnte mehr als 90 Prozent geholfen werden). Wenn Sie also Ihre Zweifel in den Griff bekommen wollen, dann hat das Buch von Backus und Chapian mir mehr geholfen als jedes andere Buch (außer der Bibel), das ich je gelesen habe ... Dieses Buch von Backus und Chapian kann ich wirklich nur empfehlen."

28. 2. Korinther 10,5.

29. Billy Graham: *Just As I Am: The Autobiography of Billy Graham* (New York: HarperCollins, 1997), 135. Auf Deutsch erschienen unter dem Titel *So wie ich bin: die Autobiographie.*

30. Ebd., 138-39.

„Glaubenszweifel haben heutzutage epidemische Ausmaße angenommen, wobei es nicht in erster Linie um sachliche oder intellektuelle Fragen geht. Daher brauchen wir Bücher wie das von Bobby Conway, die dieses Thema behandeln. Viele von uns brauchen ein „Zweifel-GPS", das uns durch die Höhen und Tiefen unserer Glaubenskrisen führt. Da Glaubenszweifel viele Ursachen haben können, sind die vielen Erkenntnisse, Vorschläge und sogar Gegenmittel in diesem Text wie ein Geschenk. Zudem ist dieses Buch gut geschrieben und lässt sich leicht lesen. Wenn Sie Bobby kennen, sind Sie wahrscheinlich nicht überrascht. Wenn Sie einen Blick in das Buch werfen, finden Sie vielleicht Anregungen und Lösungsvorschläge für sich selbst, einen anderen geliebten Menschen oder einen Freund, der gerade solch einen schmerzhaften Prozess durchmacht."

– **Gary R. Habermas**, Forschungsprofessor und Vorsitzender der philosophischen Fakultät an der *Liberty University* und dem *Theological Seminary*

„Bobby Conway hat ein großartiges, praktisches, sachkundiges und notwendiges Buch zum Thema Glaubenszweifel geschrieben. Da sich dieses Buch mit einem wichtigen – oft vernachlässigtem – Problem vieler christlicher Kreise befasst, spricht es eine breite Leserschaft an."

– **Paul Copan**, Professor für Philosophie und Ethik, *Palm Beach Atlantic University*

„Wenn Sie von Glaubenszweifeln gequält werden, dann kann ich Ihnen ein Heilmittel anbieten. Lesen Sie das Buch *„Wenn du zweifelst …"* von Bobby Conway.

– **William Lane Craig**, Professor für Philosophie an der *Talbot School of Theology*

„In einem Zeitalter, in dem falsche Online-Informationen bereits um die halbe Welt gehen, bevor die Wahrheit überhaupt eine Chance hatte, ans Licht zu kommen, ist der Zweifel genauso verbreitet wie Rost und hat – wenn er nicht behandelt wird – die gleiche zerstörerische Wirkung. Bobby Conway fordert uns auf, mit unseren Zweifeln kritisch umzugehen, aber dennoch unermüdlich an Gott festzuhalten. Wenn wir die Leitgedanken in diesem zeitgemäßen Buch anwenden, können wir das Schreckgespenst des lähmenden Zweifels hinter uns lassen und ein Leben in Hingabe an Christus erlangen."
– **Hank Hanegraaff**, Präsident des *Christian Research Institutes* und Autor zahlreicher Bücher wie *After Life: What you need to know about Heaven, the Hereafter, and Near-Death Experiences*

„Bobby Conway zeigt, wie Gott unsere geistlichen Fragen benutzen kann, um unseren Glauben an Christus zu festigen. Indem er auf den Reichtum biblischer Einsichten, auf Expertenmeinungen und hart erarbeitetes Wissen zurückgreift, kann Conway Ihnen helfen, sich den eigenen Zweifeln zu stellen. Gleichzeitig lernen Sie, Freunden zu helfen, deren eigenen Glaubenskrisen zu überwinden."
– **Mark Mittelberg**, Bestsellerautor von *Confident Faith* und *The Questions Christians Hope No One Will Ask (With Answers)*

„Bobby Conway spricht schon seit Jahren in *One Minute Apologist* über Glaubenszweifel und Fragen über Gott. Mit dem Buch *Wenn du zweifelst …* hat er uns ein wertvolles Werkzeug gegeben, das Menschen hilft, die unter ihren Zweifeln leiden, sowie denen, die versuchen, durch ihre Zweifel stärker im Glauben zu werden. Bobby erklärt die verschiedenen Arten des Zweifels, untersucht jene, die typisch für den christlichen Glauben sind, und erklärt, wie wir zu mehr Klarheit, Frieden und Zuversicht gelangen können. Wenn Sie oder ein anderer

Ihnen bekannter Mensch mit Glaubenszweifeln zu kämpfen haben, ist dieses Buch ein Geschenk des Himmels."
– **J.Warner Wallace**, Kriminalbeamter für ungelöste Tötungsdelikte und Autor von *Cold-Case Christianity* und *God's Crime Scene*

„Bobby Conway zeigt Ihnen die Ursache aller Zweifel, wie man Glaubenszweifel lösen und nutzen kann und warum Sie Ihre Zweifel hinterfragen sollten. Dieses ermutigende Buch bringt Sie zu der Erkenntnis, dass man für andere Glaubenssysteme mehr Glauben braucht als für den christlichen Glauben."
– **Frank Turek**, Autor von *Stealing from God* und Mitautor von *I Don't Have Enough Faith to Be an Atheist*

„Sich für unseren Glauben zu entscheiden, ist vielleicht die wichtigste Erfahrung, die ein Mensch jemals machen kann, denn sie bestimmt über unser Schicksal im Diesseits und Jenseits. Daher ist es ganz normal, wenn im Nachhinein Zweifel auftreten, ob diese Entscheidung richtig und weise war. Allen, die von Glaubenszweifeln gequält werden, gibt Bobby Conway Hoffnung und Orientierung!"
– **Michael Licona,** PhD, Professor der Theologie an der *Houston Baptist University*

Ruthie Delk
Durst nach Gnade
Warum das Evangelium auch für Christen wichtig ist

Kennen Sie das Gefühl, im Glauben festzustecken? Sie empfinden in Ihrem geistlichen Leben eine Sehnsucht, wissen aber nicht genau, wonach? Möglicherweise fehlt Ihnen eine Erinnerung an die gute Botschaft, an das wahre Evangelium, das Freiheit, Leben und Hoffnung bringt ...

Gebunden, 176 Seiten
12 x 18,7 cm
Bestellnummer: 271.150
ISBN: 978-3-86353-150-8

Joseph S. Carroll
Täglich Jesus anbeten
Seine Nähe suchen und finden

Anbetung als erste Priorität im Leben eines Christen – im persönlichen Umgang mit Gott? Der Autor zeigt Voraussetzungen und Hemmnisse, wobei er sich auf passende biblische Texte und Beispiele bezieht, die er ausführlich erläutert. Eine echte Motivation zu wahrer Anbetung!

Taschenbuch, 144 Seiten
11 x 18 cm
Bestellnummer: 271.161
ISBN: 978-3-86353-161-4

Erwin Lutzer
Wie aus Fehlern Chancen werden
Das Beste aus falschen Entscheidungen machen

Fehler können uns ein ganzes Leben lang verfolgen: die Wahl des falschen Ehepartners oder Berufs, Geldverlust durch riskante Investitionen oder eine schuldhaft zerstörte Beziehung usw. Erwin Lutzer zeigt Wege, wie man das Beste aus schlechten Entscheidungen machen und in eine bessere Zukunft starten kann.

Paperback, 192 Seiten
13,5 x 20,5 cm
Bestellnummer: 273.962
ISBN: 978-3-89436-962-0